aturDetektive
Bundesamt für Naturschutz

W0197396

Steine
Minerale und Fossilien

Text von Dipl.-Mineralogin Martina Rüter
mit Illustrationen von Ilonka Baberg

compact
kids

Ebenfalls in dieser Reihe erschienen:

Insekten, Spinnen und Co.
ISBN 978-3-8174-1901-2

Tiere im Wald &
auf der Wiese
ISBN 978-3-8174-1898-5

Blumen, Gräser und Kräuter
ISBN 978-3-8174-1899-2

compact kids ist ein Imprint der Compact Verlag GmbH

© Compact Verlag GmbH
Baierbrunner Str. 27, 81379 München
Ausgabe 2018
1. Auflage

Text: Dipl.-Mineralogin Martina Rüter (S. 5–72, 76 f.), Karolin Küntzel (S. 74 f., 78–87), Astrid Otte (S. 88)
Illustrationen: Ilonka Baberg
Redaktion: Lea Schmid
Fachliche Beratung: Prof. Dr. Uwe Altenberger, Dr. Gerda Schirrmeister, Dr. Christof Ellger
Produktion: Ute Hausleiter
Abbildungen: siehe Bildnachweis S. 95
Titelabbildungen: fotolia.de: styf (großes Bild); shutterstock.com: Sebastian Janicki (kleines Bild oben),
Albert Russ (kleines Bild unten), musicman (Lupe), Anastasiia Guseva (Strukturhintergrund);
U4: shutterstock.com: Panptys (Schere)
Gestaltung: zweiband.media und PER MEDIEN & MARKETING GmbH
Umschlaggestaltung: zweiband.media, Berlin

ISBN 978-3-8174-1900-5
381741900/1

www.compactverlag.de

Hallo an alle großen und kleinen Naturdetektive!

Mit diesem Buch könnt ihr die Schätze des Untergrunds unter euren Füßen kennenlernen: Gesteine, Minerale und Fossilien. Werdet zu Entdeckern und Forschern in eurer Umgebung und unterwegs! Ob in der Stadt, im Park oder im Wald: Überall gibt es interessante Fundstücke aus der festen Erdkruste zu entdecken – entweder im Naturzustand oder aber von den Menschen genutzt und verändert.

Habt ihr nicht auch schon oft überlegt: Was ist das eigentlich für ein Stein, der dort herumliegt und unter dem sich die Blindschleiche verkrochen hat? Aus welchem Material ist dieses Haus, diese Statue oder jener Brunnen in der Stadt gebaut worden? Warum sind manche Steine und Minerale so hart und kalt und andere so löchrig und eher warm? Wieso glitzern und schimmern die einen in der Sonne und wieder andere überhaupt nicht?

Dieses Buch verrät euch nicht nur alles Mögliche über Steine, Minerale und Fossilien und darüber, wie diese aussehen, wie sie entstanden sind und wofür wir Menschen sie heute nutzen können. Ihr erfahrt auch, wie ihr selbst Salzkristalle züchten, für eure Gesteinsfundstücke und Minerale schicke Sammelkästen bauen oder sogar eigene Fossilien herstellen könnt.

Zudem findet ihr natürlich auch viele Tipps und Informationen darüber, was ihr für eure Ausflüge und Expeditionen benötigt, wenn ihr auf Gesteins-, Mineral- und Fossiliensuche gehen wollt. Am Ende des Buches könnt ihr noch einmal die wichtigsten Begriffe nachschlagen und in einem kurzen Naturquiz euer neu erlerntes Wissen testen.

Ich würde mich sehr freuen, wenn ihr durch dieses Buch Spaß an der Geologie finden würdet. Und vielleicht entscheidet sich später bei der Studienwahl die eine oder der andere von euch für die Geowissenschaften.

Euer
Manfred Strecker
Professor für Geologie, Präsident der GeoUnion

GeoUnion
Alfred-Wegener-Stiftung

PS: Noch mehr Spiele, Naturerforschungstipps und Wettbewerbe, bei denen es auch tolle Preise zu gewinnen gibt, findet ihr im Internet unter www.naturdetektive.de, einem Projekt des Bundesamtes für Naturschutz.

Inhalt

Einführung

Was ist das für ein Stein? Wie ist er entstanden? Welche Eigenschaften hat er und wozu wird er verwendet? Steine findest du überall: an historischen Gebäuden, als Schieferdächer, als Grabsteine und natürlich in der Natur.

Gesteine bestehen aus einer oder mehreren Mineralarten. Minerale kommen jedoch nicht nur als Mineralgemische mit unterschiedlicher Körnung (fein bis grobkörnig) in den verschiedenen Gesteinen vor. Sie können auch frei gewachsen sein wie ein Bergkristall. Manchmal finden sich in der Erde auch Reste und Spuren von Pflanzen oder Tieren, die gestorben oder sogar bereits ausgestorben sind. Sie nennt man Fossilien.

Natürlich kommen nicht alle Steine, Minerale und Fossilien in deiner Umgebung vor – und ein bisschen Glück gehört beim Suchen ja auch immer dazu! Ausgefallene Stücke findest du auf Mineralienbörsen, an Ständen auf Kunsthandwerks- oder Weihnachtsmärkten und manchmal auch auf dem Flohmarkt.

Frag doch einmal im Baustoffhandel oder bei einem Steinmetz nach. Oft gibt es dort eine Kiste mit Steinresten, aus der man dir vielleicht günstig oder gar umsonst ein paar Stücke abgibt.

Mit etwas Glück wirst du bald eine ansehnliche Sammlung haben.

Steine findest du natürlich oft in der Natur.

Was für Steine gibt es?

Unsere Erde entstand vor rund 4,6 Milliarden Jahren und hat sich seitdem immer wieder stark verändert. Dort wo heute Meere sind, waren früher Wüsten, und umgekehrt. Eiszeiten kamen und gingen. Gebirge türmten sich durch zusammengedrücktes Gesteinsmaterial auf und wurden im Laufe der Zeit durch Wind und Wetter wieder abgetragen. Das Ganze ist ein ständiger Kreislauf. Abhängig von ihrer Entstehung unterscheidet man drei Gesteinsgruppen: Erstarrungs-, Ablagerungs- und Umwandlungsgesteine.

Die Erde hat sich immer wieder verändert.

Erstarrungsgesteine

Erstarrungsgesteine – magmatische Gesteine in der Fachsprache – entstehen durch Abkühlung und Verfestigung von flüssigen Gesteinsschmelzen, die der Geologe Magma nennt. Gelangt das Magma bis an die Erdoberfläche, heißt es Lava und die daraus entstehenden festen Produkte vulkanische Gesteine oder Ergussgesteine. Ein Beispiel ist Basalt. Erstarrungsgesteine können aber auch in großen Erdtiefen aus dem heißen Magma gebildet werden. Man nennt sie dann plutonische Gesteine oder Tiefengesteine. Sie gelangen später durch Heraushebung und Abtragung der Erdschichten an die Oberfläche. Granit ist so entstanden.

Heißes Magma dringt aus einem Vulkan und fließt als Lava hinab.

Ablagerungsgesteine

Starke Sonneneinstrahlung und Frost machen Steine auf Dauer brüchig. Der Wind weht leichte Teile weg und auch das Regenwasser, Bäche und Flüsse nehmen stets Minerale und Gesteinsbruchstücke ein Stück mit sich. Dieses Material lagert sich dann an einer anderen Stelle wieder ab – als Ton, Sand und Kies, die sogenannten Sedimente, aus denen sich im Laufe der Zeit die festen Sedimentgesteine (Ablagerungsgesteine) bilden.

Aus Kieselsteinen an Flussufern entsteht ein Ablagerungsgestein.

Umwandlungsgesteine

Marmor zählt zu den sogenannten Umwandlungsgesteinen.

Die dritte Gruppe der Gesteine nennt man Umwandlungsgesteine oder auch metamorphe Gesteine, da sie ihre Struktur und ihren ursprünglichen Mineralbestand verändert haben; sie sind umgewandelt worden. Ähnlich wie durch Metamorphose aus einer Raupe ein Schmetterling wird, entstehen Umwandlungsgesteine aus magmatischen oder Sedimentgesteinen, wenn diese durch Verschiebungen der Erdschichten in größere Tiefen gelangen. Dort herrschen hohe Temperaturen und Drücke, durch die die Gesteine verändert werden. Auf diesem Weg entsteht beispielsweise aus Kalkstein Marmor.

Willst du ein echter Naturdetektiv werden?

Dann informiere dich auch im Internet unter www.naturdetektive.de. Dort findest du Hinweise zum Projekt „Naturdetektive" des Bundesamtes für Naturschutz und viele spannende Auskünfte über unsere heimische Tier- und Pflanzenwelt. Mach mit und erkunde die Natur!

Welche Eigenschaften haben Minerale?

Minerale sind die Bestandteile der Gesteine. Unterschiedliche Mineralarten bilden unterschiedliche Gesteine. Manche Gesteine bestehen auch nur aus einem einzigen Mineral, zum Beispiel Quarzit und Sandstein. Sie setzen sich fast ausschließlich aus Quarz zusammen.

In Hohlräumen können sich die Minerale frei entfalten. So bilden sich Kristalle mit schönen Wachstumsflächen. Minerale besitzen unterschiedliche Eigenschaften, an denen du sie erkennen kannst.

Dazu zählen: Farbe, Glanz, Strichfarbe, Härte, das spezifische Gewicht (Dichte) und – natürlich – die chemische Zusammensetzung.

Minerale haben die unterschiedlichsten Farben, Formen und chemischen Eigenschaften.

Mit Farbe und Glanz ist ihr tatsächliches Aussehen gemeint. Die Strichfarbe hingegen bezieht sich auf die Farbe des Mineralpulvers. Reibst du ein Mineral auf einer Untertasse aus Porzellan, so hinterlässt das Mineral einen farbigen Strich, der von der eigentlichen Farbe des Minerals abweichen kann. So ist der Strich des goldglänzenden Katzengolds (Pyrit) schwarz.

Auch die Härte eines Minerals lässt sich leicht durch Ritzen mit bestimmten Gegenständen feststellen. Grundlage hierfür ist die Mohs'sche Härteskala. Sie beginnt mit den beiden weichsten Mineralen, dem Talk (Härte 1) und dem Gips (Härte 2). Beide kannst du mit dem Fingernagel ritzen, der eine Härte von etwa 2,5 hat. Lässt sich demnach ein Mineral mit dem Fingernagel einritzen, so ist seine Härte geringer als 2,5.

Kalzit besitzt die Härte 3 und lässt sich mit einer Kupfermünze ritzen. Fluorit (Härte 4) und Apatit (Härte 5) lassen sich mit einer Glasscherbe ritzen. Um einen Feldspat (Härte 6) zu ritzen, benötigst du ein Taschenmesser mit einer Stahlklinge.

Quarz (Härte 7) und Topas (Härte 8) lassen sich mit einer Nagelfeile mit kleinsten Steinchen zerkratzen. Am härtesten sind Korund mit einer Härte von 9 und Diamant mit der Härte 10.

Jedes Mineral hat eine bestimmte Härte, die untersucht werden kann.

Was sind Fossilien?

Fossilien sind Reste oder Lebensspuren toter Pflanzen und Tiere. Neben versteinerten Knochen, Zähnen oder Krallen gibt es Abdrücke von Pflanzen und Tieren wie Fischen, Muscheln, Schalen und anderen Gehäusen. Manchmal wurden auch ganze Schneckenhäuser oder Holzstücke versteinert. Auch Fußabdrücke, versteinerte Eier oder gar Kothäufchen gehören dazu.

Ein versteinerter Fisch

Steine, Minerale und Fossilien sammeln

Wenn du Steine, Minerale und Fossilien sammeln möchtest, brauchst du eine Schutzbrille, Arbeitshandschuhe, Hammer, Spaten, Meißel, Spachtel, Pinsel, ein Taschenmesser und eine Lupe.

Außerdem benötigst du Stift und Papier zum Notieren der Fundorte sowie Zeitungspapier und Plastiktüten zum Verpacken deiner Fundstücke. Denk auch an wetterfeste Kleidung, festes Schuhwerk, Sonnenschutz und Verpflegung. In Steinbrüchen oder unter der Erde brauchst du zusätzlich einen Schutzhelm!

Nimm zu Ausflügen in die Natur zur Sicherheit am besten immer einen Erwachsenen mit.

Als Hobbygeologe benötigst du unter anderem Hammer und Meißel.

Wenn du einen Fund gemacht hast, schaust du ihn dir genau an, machst die Strichprobe und den Härtetest und vergleichst deine Ergebnisse mit den Angaben zu Steinen, Mineralen und Fossilien in diesem Buch. Zum Aufbewahren deiner Fundstücke bastelst du dir Sammelkästen (siehe Seite 83 f.).

Mit etwas Glück findest du besondere Exemplare.

Zum Auffinden von Mineralen und Fossilien benötigst du allerdings auch immer eine Portion Glück. Solltest du nicht so viele finden, züchte dir einfach selbst Kristalle (siehe Seite 85) und erstelle dir deine eigenen Fossilabdrücke (siehe Seite 86 f.).

Hast du einen Fund gemacht, kannst du den Stein mithilfe dieses Buches schnell bestimmen.

Wichtige Begriffe aus der Welt der Steine

Amorph: Ein Stoff, bei dem der innere Aufbau nicht regelmäßig, also zum Beispiel nicht als Kristallgitter angeordnet ist

Edelmetall: Metalle, die besonders widerstandsfähig sind, zum Beispiel Gold oder Silber

Edelstein: Schmuckstein, der als schön empfunden wird (auch Bernstein)

Erdkruste: Die äußere, feste Schicht der Erde

Erz: Gesteine oder Mineralaggregate, die nutzbare Bestandteile enthalten, zum Beispiel Metalle wie Eisen, Gold oder Kupfer

Fossil: Spuren vergangenen Lebens, zum Beispiel Versteinerungen von Pflanzen und Tieren, Abdrücke und andere Lebensspuren

Fossile Brennstoffe: Braunkohle, Steinkohle, Torf, Erdgas und Erdöl

Gefäßpflanzen: Pflanzen, die ein Leitungssystem für Wasser und Nährstoffe besitzen

Geologie: Wissenschaft vom Aufbau, der Zusammensetzung und Dynamik der Erde

Gestein: Ein Gestein besteht aus einem oder mehreren Mineralen.

Härte: Die Härteskala gibt an, wie viel Widerstand ein Material einer mechanischen Kraft entgegenbringt.

Inkohlung: Natürlicher Vorgang, bei dem Kohle entsteht

Kieselsäure: In Wasser gelöster Quarz

Körperfossil: Bei Körperfossilien sind vor allem die Hartteile eines Lebewesens erhalten geblieben, zum Beispiel Schalen oder Gehäuse von Schnecken oder Muscheln, aber auch Zähne oder Knochen.

Kristall: Ein Stoff, bei dem der innere Aufbau regelmäßig in Form eines Gitters ist

Rohstoff: Natürlich vorkommender Stoff, der als Grundlage für die Herstellung von Produkten dient

Rückstoßprinzip: Durch einen Rückstoß wird das Objekt nach vorn beschleunigt (Beispiel: Rakete).

Schichtung: Eine Schichtung in Gesteinen entsteht durch eine zeitlich aufeinanderfolgende Ablagerung von Material.

Lava: Geschmolzenes Gestein, das an die Erdoberfläche tritt

Lebendes Fossil: Tier- oder Pflanzenart, die sich von ihrem Körperbau über eine sehr lange Zeitspanne kaum verändert hat und noch heute lebt

Legierung: Ein Stoff, der dadurch entsteht, dass verschiedene Metalle zuerst verschmolzen und dann abgekühlt werden

Magma: Geschmolzenes Gestein im Inneren der Erde

Metamorphose: Umwandlung von Gestein, meist durch Druck, Temperatur und Erdbewegung

Mineral: Fester Körper mit einem meist regelmäßigen inneren Aufbau und einer definierten Zusammensetzung

Mineralogie: Wissenschaft von den Mineralen (Entstehung, Eigenschaften und Verwendung)

Muschelkalk: Ablagerungsschicht (Alter: vor etwa 243 bis 235 Millionen Jahren)

Schieferung: Eine Schieferung in Gesteinen entsteht, wenn Gesteinsschichten gegeneinander verschoben werden.

Strichfarbe: Farbe des Mineralpulvers, wenn man das Mineral auf einer rauen, weißen Porzellanfläche reibt

Vulkanisches Glas (Gesteinsglas): Sehr schnell abgekühltes geschmolzenes Gestein, das keine geordnete innere Struktur besitzt (amorph)

Erklärung der Symbole

In diesem Buch findest du bei jedem Stein, Mineral und Fossil Symbole, mit denen du dich schneller zurechtfindest.

Die Lupe steht für wichtige Merkmale der Steine, Minerale und Fossilien, anhand derer du sie bestimmen kannst.

Dieses Symbol sagt dir, um welche Gesteinsart es sich handelt.

Dieses Symbol gibt dir Auskunft, welche Farbe das Gestein besitzt.

Hier siehst du, welche Körnung das Gestein hat.

Dieses Symbol sagt dir, welche Strichfarbe das Mineral hat.

Der Diamant steht für die Härte eines Minerals.

Steine

Granit

 Der Granit setzt sich aus den hellen Mineralarten Feldspat und Quarz sowie dem dunklen Glimmer (Biotit) zusammen. Diese Bestandteile lassen sich fast immer mit bloßem Auge gut erkennen.

Die Gesteinsoberfläche ist meist rau und zerklüftet. Granit ist durch langsame Abkühlung von Magma in großer Erdtiefe entstanden, wobei die einzelnen Minerale unterschiedlich schnell auskristallisiert sind.

 Tiefengestein

 hellgrau bis grau, gelblich, rötlich

 mittel- bis meist grobkörnig

Merke!
Granit = Feldspat, Quarz und Glimmer, die drei vergess ich nimmer.

Granite gehören zu den häufigsten Gesteinen innerhalb der Erdkruste. Es gibt sie auf allen Kontinenten. In Europa findest du Granite unter anderem hier: Schwarzwald, Odenwald, Harz, Fichtelgebirge, Bayerischer Wald, Erzgebirge, Alpen, Vogesen, Schweden, Finnland.

Granit ist sehr hart und hält Wind und Wetter gut stand. Deshalb setzt man ihn häufig im Straßenbau als Pflaster- oder Bordstein ein. Auch Grabsteine sind oft aus Granit gefertigt. Poliert verwendet man ihn zum Beispiel für Fensterbänke oder Tischplatten.

Granit wird oft als Pflasterstein verwendet.

Die Markgrafensteine in den Rauener Bergen (Oder-Spree-Kreis) sind aus Granit und ein beliebtes Ausflugsziel.

Gabbro

 Gabbros entstanden im Erdinneren und enthalten vor allem dunkelfarbige Minerale wie Pyroxene (Augit) und Olivine. Bei den hellen Bestandteilen handelt es sich meist um Feldspat. Die Minerale im Gabbro sind meist deutlich kleiner als im Granit.

 Tiefengestein

 dunkelgrau bis schwarz, gelegentlich auch grünlich

 **fein- bis (gelegentlich) grobkörnig**

Achtung!

Gabbros und Granite ähneln einander sehr. Meist sind die Gabbros jedoch deutlich dunkler und lassen sich so von Graniten unterscheiden.

Gabbros bilden sich durch langsames Abkühlen von Magma tief unter der Erdoberfläche. In Deutschland findest du Gabbros im Harz und im Odenwald. Darüber hinaus kommen sie in Südafrika und Indien vor. Der deutsche Geologe Christian Leopold von Buch (1774–1853) benannte das Gestein nach einem Ort in der Toskana (Italien).

Gabbro kommt oft als Schotter zum Einsatz.

Ähnlich wie Granit ist auch der Gabbro sehr hart und vor allem verwitterungsbeständig, weshalb man ihn als Straßen- oder Bahnschotter, aber auch als Werkstein für Gebäude verwendet. Poliert findest du Gabbros häufig auch als Grabsteine auf dem Friedhof.

Quarzdiorit

 Der Quarzdiorit steht in seiner Mineralzusammensetzung zwischen dem Granit und dem Gabbro. Die hellen Minerale sind überwiegend Feldspäte sowie etwas Quarz. Bei den dunklen handelt es sich um Amphibole (Hornblende), Pyroxene (Augit) und Glimmer (Biotit).

 Tiefengestein

 mittelgrau, grünlichgrau bis schwarzgrau

 fein- bis mittelkörnig

Ebenso wie Granite und Gabbros entstehen auch Diorite durch langsames Abkühlen heißer Gesteinsschmelze (Magma) in größeren Tiefen der Erdkruste. In Deutschland findest du Quarzdiorite im Bayerischen Wald, Harz, Odenwald und Schwarzwald. Auch in Finnland, Schottland und an vielen anderen Orten der Erde gibt es Quarzdiorite.

Quarzdiorite sind ähnlich hart wie Granite und Gabbros und werden deshalb ebenfalls als Schotter oder Bausteine verwendet.

Kugeldiorit

Auf Korsika gibt es Quarzdiorite, die kugelförmige Strukturen aufweisen. Diese „Kugeldiorite" werden poliert und dann zum Beispiel für dekorative Tischplatten verwendet.

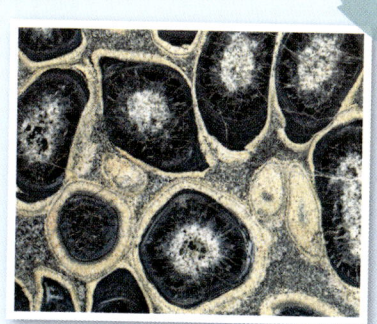

Basalt

Basalte sind vulkanische Gesteine. Sie entstehen, wenn dünnflüssige Lava an der Erdoberfläche sehr rasch abkühlt, sodass die Kristalle nur wenig Zeit zum Wachsen haben. Basalte sind deshalb häufig feinkörnig. Löchrige Basalte können durch Gasblasen in der Lava entstehen oder durch herausgewitterte Minerale (zum Beispiel Olivin).

 Ergussgestein

 dunkelgrau bis schwarz

 feinkörnig

In Deutschland findest du Basalte in der Eifel, im Westerwald, am Vogelsberg und im Fichtelgebirge. Weitere Fundorte sind unter anderem Island, Irland, Schottland, Frankreich und die Kanarischen Inseln.

Basalte werden als Straßenschotter und Bausteine sowie für Grab- und Denkmäler verwendet.

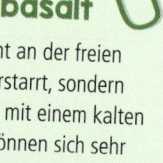

Säulenbasalt

Wenn Lava nicht an der freien Erdoberfläche erstarrt, sondern durch den Kontakt mit einem kalten Nebengestein, können sich sehr schöne sechseckige Gesteinssäulen bilden. Sehenswerte Basaltsäulen gibt es zum Beispiel in der Eifel, an der Burg Stolpen (Sachsen) und in Irland.

Glatt poliert ist Basalt besonders schön.

Sechseckige Basaltsäulen in Irland

Trachyt

 Der Trachyt besitzt eine raue Oberfläche. Das vulkanische Gestein entstand nahe der Erdoberfläche durch eine recht schnelle Abkühlung des Magmas. Dabei entwichen die in der Gesteinsschmelze enthaltenen Gase, wodurch viele Hohlräume zurückblieben. Trachyt besteht hauptsächlich aus Feldspäten. Daneben finden sich Quarz und Biotit in dem Ergussgestein.

 Ergussgestein

 hell- bis mittelgrau, gelblich, rötlich, bräunlich

fein- bis mittelkörnig

Trachyt gibt es im Westerwald, im Siebengebirge und in der Eifel, in Frankreich, Italien, Ungarn und auf Hawaii.

Bereits die Römer bauten den Trachyt am Drachenfels im Siebengebirge ab. Im Mittelalter war dieser Trachyt einer der wichtigsten Bausteine. Das Gestein ist sehr hart und hält Wind und Wetter – insbesondere Frost – stand. Deshalb wird es sowohl innen als auch außen eingesetzt. Trachyt wird für Kirchen, Fußböden und in Gärten verwendet.

Auch die Burgruine auf dem Drachenfels im Siebengebirge ist aus Trachyt.

Schon gewusst?

Der Name Trachyt leitet sich von dem griechischen Wort „trachys" für „rau" ab.

Stricklava

Stricklava erkennst du an der runzligen, fladenförmigen Ober-fläche. Oft sieht Lava so aus, als würde sie noch immer fließen – nur dass der Fluss gewissermaßen eingefroren ist. Das liegt daran, das die heiße Lava, die aus Vulkanen austritt, an der Oberfläche durch die kühle Luft erstarrt, während der flüssige Lavastrom darunter weiterfließt. Ergießt sich heiße Lava am Meeresboden, so bilden sich schlauchartige Formen, die Kissenlava.

🪨 **Ergussgestein**

🖌 **schwarzgrau**

⛏ **feinkörnig**

Lava findest du überall dort, wo es Vulkanismus gibt oder gab. In Deutschland zum Beispiel in der Eifel. Auch die Kanarischen Inseln und Hawaii sind aus einem Vulkan entstanden. Aktive Vulkane gibt es in Italien, auf Island und Hawaii.

Zermahlene Lava wird Blumenerde untergemischt, da sie den Boden auflockert und reich an Mineralstoffen wie Natrium, Magnesium und Kalzium ist. Als Streugut vermindern Lavasteinchen die Rutschgefahr auf Schnee und Eis.

Der Bimsstein ist wie die Lava ein Vulkangestein.

Probier's aus!

Bimsstein ist ebenfalls ein Vulkangestein und enthält durch einen ehemals hohen Gasgehalt der Schmelze so viele Poren, dass er leicht ist und sogar auf dem Wasser schwimmt. Du kennst ihn bestimmt aus dem Badezimmer, wo er zum Abrubbeln von Hornhaut an den Füßen dient.

Obsidian

Der zumeist schwarze, glänzende Obsidian sieht eher wie ein Mineral aus. Tatsächlich handelt es sich aber um ein vulkanisches Glas. Es entsteht, wenn zähe Lava sehr schnell abkühlt. Obsidiane weisen wenige Kristalle auf. Ihre Oberfläche ist sehr glatt. Bruchstücke des Gesteinsglases besitzen meist scharfe Kanten. Obsidiane haben eine Härte von 5. Sie enthalten normalerweise nur wenige Einschlüsse. Manchmal finden sich darin jedoch runde Formen aus weißem Feldspat und Quarz. Dann nennt man sie Schneeflocken-Obsidiane.

 Ergussgestein

 schwarz bis dunkelgrün

 keine

Obsidian gibt es unter anderem in Italien (Liparische Inseln), Ungarn, Island, Japan, der Türkei oder den USA.

Ein Schneeflocken-Obsidian hat weiße Flecken.

Als Schmuckstein ist der Obsidian sehr beliebt. Auch Skulpturen und andere Kunstgegenstände werden aus Obsidian gefertigt.

Eine Speerspitze aus Obsidian

Schon gewusst?

Bereits in der Steinzeit verarbeiteten die Menschen Obsidiane zu Werkzeugen zum Schneiden und Ritzen sowie zu Pfeilspitzen.

Sandstein

🔍 **Der Sand am Meeresstrand besteht aus unzähligen Quarzkörnern. Die Körner sind etwa zwischen 0,06 und zwei Millimeter groß. Du kannst sie mit der Lupe gut betrachten. Wird der lockere Sand einmal fest und verbinden sich die Quarzkörner, so entsteht aus dem Sand Sandstein. Oft werden die Quarzkörner in eine Masse aus Ton oder Kalk eingebettet. Man spricht dann von Ton- oder Kalksandstein. An weiteren Mineralen finden sich im Sandstein Glimmer (Muskovit) und Feldspäte. Ein Sandstein kann relativ weich, aber auch sehr fest sein.**

 Ablagerungsgestein

 weißgrau, gelb, rot, violett

 fein- bis mittelkörnig

Sandstein wird in Steinbrüchen abgebaut.

Sandstein ist weit verbreitet. In Deutschland ist er zum Beispiel in den Buntsandsteingebieten – Nordschwarzwald, Pfälzer Wald oder Spessart – und im Elbsandsteingebirge zu finden.

Sandstein wird als Baustoff verwendet. Viele alte Burgen und Kirchen sind daraus gebaut. Und auch Bildhauer verwenden Sandsteine für Skulpturen. Aus Quarzsand stellt man Glas für Trink- und Fenstergläser her.

Sandstein ist ein gutes Baumaterial.

Tonstein

🔍 Tonsteine entstehen, wenn Schlamm oder Schlick verhärtet. Sie bestehen aus sehr feinen Tonmineralen mit Durchmessern von weniger als zwei Mikrometern (0,002 Millimetern). Diese Körner sind so fein, dass du sie selbst mit der Lupe nicht erkennen könntest. Feuchter Ton fühlt sich zwischen den Fingern schmierig an. Wenn der trockene Tonstein geschichtet ist und durch leichten Druck zwischen den Fingern in dünne Blättchen zerbröselt, nennt man ihn Schieferton. Weitere Bestandteile im Ton sind Quarz, Feldspat oder Kalzit.

 Ablagerungsgestein

 dunkelgrau, schwarz, rot, grünlich, weiß, hellbraun

 sehr feinkörnig

Tonsteine sind weit verbreitet, häufig in Niederungen und Senken (Oberrheingraben, Wiener Becken). Bedeutende Tonlagerstätten sind im Westerwald und in der Oberpfalz.

Aus nassem Tonstein lassen sich tolle Dinge formen.

Nassen Ton kannst du gut kneten und formen. Trocknet der Ton oder wird er gar in einem Brennofen gebrannt, so wird er hart. Deshalb kannst du daraus zum Beispiel Gefäße wie Töpfe, Schalen und Vasen töpfern. Das hast du bestimmt auch schon im Werkunterricht in der Schule ausprobiert. In der Industrie werden aus Tonsteinen auch Ziegelsteine und Keramiken (Porzellan) hergestellt.

Kalkstein

Kalkstein besteht überwiegend aus dem Mineral Kalzit. Er entsteht zum Beispiel im Meer aus den Überresten toter Kleinstlebewesen (Mikroorganismen). Diese sinken auf den Meeresboden ab und sammeln sich dort an. Die kalkigen Hartteile wie Schalen, Schneckenhäuser, Korallen und so weiter liefern den Kalk und werden mit der Zeit zu einem Gestein, dem Kalkstein, verfestigt. Deshalb kannst du auch so häufig Fossilien in Kalksteinen entdecken.

 Ablagerungsgestein

 weiß, grau, gelblich, rötlich

 sehr feinkörnig

Kalksteine sind sehr häufig. In Deutschland findest du sie unter anderem im Muschelkalk in Norddeutschland, auf der Schwäbischen Alb und in den Kalkalpen. An der Südostküste von Großbritannien türmen sich die kalkigen Kreidefelsen von Dover auf. Die Klippen sind bis zu 106 Meter hoch und aus purem Kalk.

Kalksteine sind ein wichtiger Baustoff. Man verwendet sie entweder direkt als Bruchsteine oder gebrannt und gemahlen (als Zement). Naturkalk ist auch ein gern verwendeter Dünger. Denn Kalk verbessert insbesondere saure Böden.

Kalkstein ist weiß bis grau gefärbt und sehr feinkörnig.

Kalkstein ist ein beliebtes Baumaterial.

Kies

🔍 Kies oder Kieselsteine sind kleine, rundliche Steine, die sich in Fluss- oder Bachbetten sammeln. Sie werden vom Wasser mitgerissen. Ihre scharfen Kanten schleifen sich beim Transport durch das Gewässer ab, sodass sie schön rund und glatt werden. Je nach Größe unterscheidet man zwischen Feinkies (zwei bis sechs Millimeter), Mittelkies (sechs bis 20 Millimeter) und Grobkies (20 bis 60 Millimeter). Größere Gesteine nennt man Geröll.

Kies gibt es in den unterschiedlichsten Farben, Formen und Größen.

 kann jedes Festgestein sein

 grau, weiß, bläulich, rötlich, gelblich, bräunlich

 feinkörnig

Kies findest du an den Ufern von Flüssen und Bächen und an einigen Stränden.

Kies braucht man zum Mischen von Beton, denn dieser ist eine Mischung aus Zement, Sand, Kies und Wasser. Aus Beton baut man wiederum zum Beispiel Kellerwände, Fundamente für Gebäude oder Staumauern.

Probier's aus!

Füll Vogelsand und Kieselsteine in ein Gurkenglas und verschließe es mit dem Deckel. Nun schüttle alles kräftig durch: Nicht die schweren Kiesel sammeln sich am Grund, sondern der feinkörnige Sand!

Kaolin

🔍 **Kaolin, auch Porzellanerde genannt, ist ein weißes, weiches Gestein, das hauptsächlich aus dem Tonmineral Kaolinit besteht. Kaolinit entsteht, wenn Feldspat durch den Einfluss von Sonne, Wind und Wasser chemisch umgewandelt wird. Kaolin zerbröselt ganz leicht zwischen deinen Fingern.**

 Ablagerungsgestein

 weißlich grau

 sehr feinkörnig

In Deutschland wird Kaolin zum Beispiel in der Oberpfalz abgebaut.

Kaolin wird zur Herstellung von Waschbecken verwendet.

Reines Kaolin kommt in der Natur nur selten vor. Einige der bedeutenden Vorkommen liegen in Deutschland, Frankreich, England, den USA, Südamerika, Japan, China, Indien und auf den Philippinen. In Deutschland wird Kaolin in Hirschau in der Oberpfalz, Lohrheim im Taunus und an mehreren Orten im Westerwald sowie in Sachsen abgebaut.

Kaolin wird bei der Herstellung von Papier verwendet, da es weich und formbar ist. Außerdem ist es der wesentliche Rohstoff für Porzellan, Töpferwaren und Keramiken. So braucht man es unter anderem für Sanitärkeramiken, zum Beispiel WC-Schüsseln, Badewannen und Waschtische. Außerdem wird es zur Herstellung des bekannten Meißener Porzellans verwendet.

Kohle

Kohle entsteht aus abgestorbenem Pflanzenmaterial durch erhöhten Druck und Temperatur. Den Prozess, der zur Bildung von Kohle führt, nennt man Inkohlung. Dort wo man heute Kohle abbaut, standen vor Millionen Jahren dichte Wälder. Als die Bäume starben, versanken sie im Sumpf und wurden allmählich zu Torf.

 organisches Ablagerungsgestein

 schwarz, dunkelbraun

 fein- bis mittelkörnig

Kohle zählt zu den fossilen Brennstoffen.

Im Laufe der Jahrtausende lagerte sich darauf immer mehr Material ab und drückte auf die Torfschicht. Durch diesen hohen Druck entstand zunächst Braunkohle. Nach noch mehr Zeit wurde daraus Steinkohle. Verstärkt sich der Druck noch weiter, entstehen Anthrazit und in einigen Fällen schließlich sogar Grafit.

Braunkohle wird in Deutschland vor allem in drei Regionen abgebaut: in der Niederrheinischen Bucht, im Mitteldeutschen und im Lausitzer Revier. Die Steinkohleförderung in Deutschland endet genau im Jahr 2018. Steinkohlezechen als Besucherbergwerke gibt es in Nordrhein-Westfalen, Niedersachsen und im Saarland.

Schon gewusst?

Steinkohle bezeichnet man auch als das „schwarze Gold", da sie seit jeher ein kostbarer Brennstoff ist.

Kohle ist eine wichtige Energiequelle. Durch Verbrennung werden Strom und Wärme erzeugt. Dabei wird das Gas Kohlenstoffdioxid frei, welches zur Erderwärmung beiträgt. Bei dem Brennstoff Kohle spricht man auch von einem fossilen Brennstoff.

Feuerstein

 Feuerstein beziehungs-
weise Flint besteht
aus dem Mineral Chalzedon.
Chalzedon wiederum ist eine
besondere Form des Quarzes. Außen besitzt der Feuerstein oft eine
weiße „Schale" (Feuersteinknollen). Spaltest du ihn, so ist der Bruch
scharfkantig. Entstanden sind die Feuersteine durch Zusammenbacken
und Umformen der Reste von Kieselalgen.

 Ablagerungsgestein

 **vielfältig gefärbt,
oft weißlich, grau, bräunlich,
blaugrau bis schwarz**

 feinkörnig

Feuer!

Schlägt man mit einem Feuerstein
gegen Pyrit oder ein Stück Eisen,
so lässt sich – mit etwas Glück –
ein Funke erzeugen. Doch Vorsicht!
Trag eine Schutzbrille und Handschuhe,
damit du dich nicht verletzt.

Feuersteine findest du in Norddeutschland, auf
Rügen, auf der Insel Mön in Dänemark und auch bei
Dover in Großbritannien.

Bereits in der Steinzeit wurde Feuerstein verwendet – als Pfeilspitzen.

Feuerstein diente in der
Steinzeit aufgrund der
Härte und der scharfen
Schlagkanten als wich-
tiges Rohmaterial für
Werkzeuge und Waffen
(zum Beispiel Pfeilspitzen). Heute spielt er als Rohstoff eine
untergeordnete Rolle. So wird er beispielsweise in zer-
mahlener Form dem Asphalt zugemischt, um die reflektie-
renden Eigenschaften von Straßenbelägen zu verbessern.
Fein gemahlen dient er wegen seiner Härte von 7 übrigens
auch als Schleifmittel.

Besonders häufig findet man Feuersteine
auf den Stränden der Insel Rügen.

Marmor

Das bekannteste Umwandlungsgestein ist wohl der Marmor, der an seiner typischen Marmorierung gut zu erkennen ist. Der gemaserte, gefleckte oder gestreifte Marmor entstand aus Kalkstein. Zu seinen Hauptbestandteilen gehört Kalzit, sodass er relativ weich ist (Härte 3) und sich gut bearbeiten lässt.

 Umwandlungsgestein

 meist weiß bis grau, alle Farben möglich

 fein- bis grobkörnig

Marmor findet sich in Deutschland im Fichtelgebirge, in Österreich, der Schweiz, Italien, England, Frankreich, Spanien und Griechenland. Eine bedeutende Marmorsorte ist der Carraramarmor aus Italien.

Säulen, Treppen und Statuen aus Marmor gibt es häufig in Kirchen und historischen Gebäuden. Viele Brunnen sind ebenfalls aus Marmor gefertigt oder damit verziert. Marmor wird aber auch gern für Tischplatten und Fliesen verwendet.

Besonders edler Marmor stammt aus Carrara in Italien.

Schon gewusst?

Bereits in der griechischen Antike war Marmor sehr beliebt. Viele Bauwerke und Plastiken aus dieser Zeit, zum Beispiel die Akropolis, eine riesige Stadtfestung in Athen, sind aus Marmor.

Gneis

 Gneis ist ähnlich aufgebaut wie Granit, besteht also hauptsächlich aus Quarz, Feldspat und Glimmer (Biotit). Wie für viele Umwandlungsgesteine typisch, verfügen Gneise meist über eine Bänderung, die deutlich zu erkennen ist. Man spricht dann auch von einem gebänderten Gneis. Diese Bänder verlaufen entweder gerade oder in Wellen. Handelt es sich um gebogene Bänder, so wurde die Gesteinsschicht gefaltet, also zusammengedrückt.

 Umwandlungsgestein

meist hell- bis dunkelgrau mit andersfarbigen Schichten oder Flecken

 mittel- bis grobkörnig

Granit oder Gneis?
Während Gneise meist eine deutliche Bänderung zeigen, sind die Minerale im Granit wild durcheinandergewürfelt.

Gneise findest du dort, wo sich Gebirge aufgetürmt haben – zum Beispiel in den Zentralalpen, aber auch im Bayerischen Wald, im Schwarzwald, im Erzgebirge und im Harz sowie als Findlinge in Norddeutschland.

Da Gneise hinsichtlich ihres Mineralbestandes mit dem Granit vergleichbar sind, werden sie zu ähnlichen Zwecken verwendet: als Baustein, Schotter und für Grabsteine.

Ein gebänderter Gneis

Tonschiefer

Tonschiefer entsteht, wie der Name schon vermuten lässt, aus Tonstein. Deshalb besteht er hauptsächlich aus feinen Tonmineralen und enthält daneben Quarz und Glimmer (Muskovit). Schiefergesteine weisen häufig eine typische Schieferung auf.

Sie entsteht dadurch, dass Gesteinsschichten zusammengedrückt und gefaltet wurden. Dies geschah häufig dort, wo heute Berge sind. Schiefersteine sind meistens weich. Du kannst sie leicht zwischen den Fingern in Richtung der Schichtung zerbröseln.

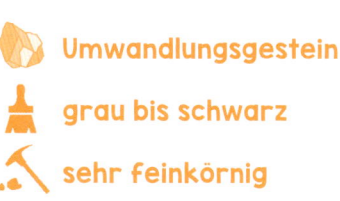

Umwandlungsgestein

grau bis schwarz

sehr feinkörnig

Ein mit Schiefer gedecktes Dach

Schiefer gibt es in vielen Regionen: Nord- und Südamerika, Südafrika, Japan, China, Sibirien, Indien, Slowenien, Griechenland, Italien, Tschechien, Polen, Ungarn, Norwegen, Schweden, Schweiz, Portugal, Spanien, Frankreich, England und Irland. In Deutschland findest du ihn in der Eifel, im Sauerland, im Hunsrück, im Harz und im Frankenwald.

Tonschiefer wird häufig für Fachwerkhäuser verwendet, wo er zur Abdeckung von Giebeln, Dächern und Wänden dient.

Schon gewusst?

Früher schrieben die Kinder in der Schule mit Kreide auf Schiefertafeln.

Amphibolit

🔍 Das Umwandlungsgestein Amphibolit entsteht vor allem aus Basalt. Es setzt sich überwiegend aus Amphibolen (Hornblende) und Feldspäten (Plagioklas) zusammen. Daneben finden sich häufig Granate (rot) und gelegentlich Glimmer (Biotit) und Quarz. Die Farbe des Amphibolits hängt stark von der Menge der dunklen Minerale ab.

 Umwandlungsgestein

 dunkelgrün bis schwarz, grau, graugrün

 mittel- bis grobkörnig

Quarzführender Amphibolit

Amphibolit kommt in Deutschland im Erzgebirge, Fichtelgebirge, Schwarzwald und den Alpen vor. Außerdem gibt es ihn in Österreich, der Schweiz und in Skandinavien.

Der Amphibolit ist sehr hart und hält Wind und Wetter äußerst gut stand. Deshalb verwendet man ihn als Baustein und für Fußböden.

Schon gewusst?

Bereits in der Steinzeit fertigten die Menschen Beilklingen aus Amphiboliten. Besonders häufig findet man diese bei den sogenannten Dechseln. Dabei handelt es sich um Werkzeuge, die vor allem zur Bearbeitung von Holz verwendet wurden.

Quarzit

 Quarzit entsteht meist aus Sandsteinen. Er setzt sich hauptsächlich aus Quarz zusammen, enthält aber oft auch etwas Glimmer (Muskovit) und Feldspat. Im Unterschied zu einem Sandstein kannst du bei einem Quarzit mit dem bloßen Auge keine Quarzkörner erkennen. Hältst du einen Quarzit gegen das Licht, so ist er leicht durchscheinend. Das siehst du besonders gut, wenn der Stein nass ist.

 Umwandlungsgestein

 weiß, gelb, grau, braun, rosa

 fein- bis mittelkörnig

In Europa kommt Quarzit in den Alpen, in Spanien, Bulgarien und Skandinavien vor. In Deutschland findest du Quarzite unter anderem im Rheinischen Schiefergebirge, Taunus, Harz, Erzgebirge, Hunsrück und in der Eifel.

Quarzit besteht im Wesentlichen aus Quarz.

Aufgrund seiner Härte und Wetterbeständigkeit wird er als Baustein verwendet. Aus Quarzit stellt man – ebenso wie aus Quarzsand – Glas her.

Quarzit ist fein- bis mittelkörnig.

Lapislazuli

 Bei dem glasig glänzenden Lapislazuli oder auch Lasurstein handelt es sich um ein Mineralgemisch. Hauptbestandteil ist das tiefblaue Mineral Lasurit, welches dem Lapislazuli seine schöne blaue Farbe verleiht. Die Strichfarbe ist hellblau. Seine Härte liegt bei 5 bis 6.

 Umwandlungsgestein, Schmuckstein

 tiefblau bis graublau

 feinkörnig

Die bekanntesten Fundorte liegen in Afghanistan (Hindukusch), Russland (Baikalsee), Chile und in den USA (Kalifornien).

Lapislazuli ist ein beliebter Schmuckstein. Er ziert Fingerringe, Broschen, Anhänger und Ketten. Pulverisierter Lapislazuli bildete für die Maler der Renaissance das begehrte Ultramarinblau.

Eine Kette aus Lapislazuli

Schon gewusst?

„Lapis lazuli" bedeutet übersetzt „blauer Stein". Der Schmuckstein reagiert empfindlich, wenn er mit Seife in Berührung kommt. Deshalb solltest du Ringe mit diesem Edelstein beim Händewaschen immer abnehmen.

Früher diente Lapislazuli-Pulver Malern als Farbe.

Minerale

Gold

🔍 Gold ist ein Edelmetall. Sein chemisches Symbol „Au" leitet sich von der lateinischen Bezeichnung „Aurum" ab.

Gold besteht nur aus diesem einen Element. Das metallisch glänzende Gold verbindet sich nicht leicht mit anderen Elementen. In der Natur kommt es deshalb häufig gediegen, also in reiner Form, vor.

 metallisch gelb

 goldgelb

 2,5–3

Die großen Banken der Welt lagern Gold in Form von Barren.

Die Goldvorkommen sind weltweit verstreut. Etwa 40 Prozent des heute in Bergwerken zutage geförderten Goldes kommen aus Südafrika, den USA, Australien und Russland. Gold findet sich auch als Gold-Nuggets in Flüssen. Da es recht schwer ist, sammelt es sich im Flussbett, wo es die Goldgräber aussieben.

Gold wird zu Schmuck verarbeitet, aber auch in der Industrie eingesetzt. Außerdem dient Gold in Form von Goldmünzen und Barren als internationales Zahlungsmittel und wird als Währungsreserve in den Zentralbanken der Welt eingelagert. Der Preis von Gold wird durch den Börsenhandel bestimmt.

Gold glänzt metallisch.

Grafit

 Grafit ist schwarz, metallisch glänzend bis matt, fühlt sich fettig an und färbt deine Hände beim Anfassen schwarz. Es ist ein sehr weiches Mineral, das blättrig auseinanderbricht und aus reinem Kohlenstoff besteht.

 dunkelgrau bis schwarz

 grau bis schwarz

 1–2

Bleistiftminen bestehen aus Grafit.

Grafit findet sich weltweit. In Europa gibt es nur noch wenige Grafitbergwerke. Bekannte Fundorte in Europa sind/waren: Kropfmühl, Bayerischer Wald, Böhmen, Steiermark (Österreich).

Aus Grafit werden unter anderem die Minen für Bleistifte hergestellt.

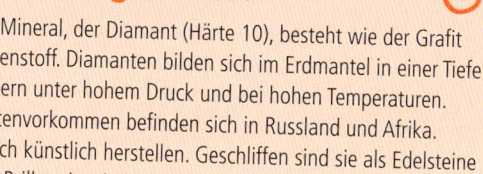

Schon gewusst?

Das härteste bekannte Mineral, der Diamant (Härte 10), besteht wie der Grafit ebenfalls aus reinem Kohlenstoff. Diamanten bilden sich im Erdmantel in einer Tiefe von über 150 Kilometern unter hohem Druck und bei hohen Temperaturen. Die größten Diamantenvorkommen befinden sich in Russland und Afrika. Diamanten lassen sich auch künstlich herstellen. Geschliffen sind sie als Edelsteine äußerst begehrt. Ein Brillant ist ein Diamant mit einem speziellen Schliff, dem Brillantschliff.

Ein Diamant besteht wie Grafit aus reinem Kohlenstoff.

Pyrit

Metallisch golden glänzende Pyrite finden sich recht häufig als eingewachsene Würfel (Würfelpyrit) in den unterschiedlichsten Gesteinen. Der Name Pyrit hat mit „Feuer" zu tun: Schlägt man Feuerstein auf Pyrit, so können sich Funken bilden. Das Mineral besteht aus Eisen und Schwefel, weshalb man es auch Schwefelkies nennt.

 goldgelb

 grünlich-schwarz

 6

Schon gewusst?

Pyrit wird auch Katzengold genannt, da du es leicht mit Gold verwechseln kannst. Der Begriff leitet sich jedoch nicht von der Katze ab, sondern von dem Wort „Ketzer", das für „Irrgläubige" und „Fälscher" verwendet wurde.

Pyrit wird auch Katzengold genannt.

Pyrit findet sich häufig in Erstarrungsgesteinen sowie in Braun- und Steinkohle. In Europa gibt es Pyrit auf der Insel Elba (Italien), in Griechenland und Spanien. In Deutschland gab es ein großes Vorkommen bei Meggen im Sauerland.

Aus dem Mineral Pyrit gewinnt man Schwefelsäure, die in der chemischen Industrie sowie zur Produktion von Düngemitteln benötigt wird.

Fluorit

 Fluorit bildet ähnlich wie Halit häufig würfelförmige Kristalle, die in Erstarrungs- und Ablagerungsgesteinen eingewachsen sind. Fluorit trägt auch den Namen Flussspat. Seine Bestandteile sind Kalzium und Fluor. Es glänzt ähnlich wie Glas.

 farblos, weiß, rosa, gelb, grün, blau, violett, schwarz

 weiß

◇ 4

Das weltweit größte Bergbaugebiet von Flussspat befindet sich in Mexiko. Weitere Fundorte gibt es in China, Südafrika und in den USA. In Deutschland findest du Fluorit im Schwarzwald, im Oberpfälzer Wald, Thüringer Wald, Erzgebirge und im Harz.

Fluorit ist ein beliebter Schmuckstein und wird bei der Erzverarbeitung und zur Herstellung von Linsen für Mikroskope oder Ferngläser verwendet.

Probier's aus!

Besorg dir eine UV-A-Birne (Schwarzlicht) aus dem Baumarkt oder Elektrofachhandel und setz sie in eine Schreibtischlampe ein. Dunkle das Zimmer ab und halte einen Fluorit in das UV-Licht. Das Mineral leuchtet so ähnlich wie ein farbiger Textmarker. Dieses Leuchten nennt man Fluoreszenz.

Fluorit bildet Kristalle in Form von Würfeln.

Aufgrund seiner schönen Farben ist Fluorit ein beliebter Schmuckstein.

Halit

Das Mineral Halit ist auch unter dem Namen Stein- oder Kochsalz bekannt. Es besteht aus Natrium und Chlor. Ebenso wie Fluorit bildet Halit würfelförmige Kristalle auf Ablagerungsgesteinen und besitzt einen ähnlichen Glanz wie Glas. Halit bildet sich, wenn Meerwasser verdunstet. So können riesige Salzlager entstehen.

 farblos, weiß, grau, gelb, rosa, blau

 weiß

 2

Weltweit gibt es über 300 Fundorte. In Deutschland kommt Halit vorwiegend in Niedersachsen und Sachsen-Anhalt vor.

In jeder Küche findet sich Halit – das Kochsalz.

Hinweis ...

... zur Aufbewahrung: Steinsalz löst sich leicht in Wasser. Deshalb musst du es in deiner Sammlung möglichst trocken aufbewahren – am besten in einem geschlossenen Plastikkästchen.

Steinsalz verwendet man zum Würzen und Haltbarmachen von Speisen. Der Salzabbau hat eine enorme wirtschaftliche Bedeutung. In Deutschland und Österreich weisen viele Städtenamen auf einen früheren Salzabbau hin (Salzgitter, Salzbrunn, Salzburg); auch die Silbe „hall" in Halle oder Bad Friedrichshall bedeutet „Salz".

Halit wird in Salzbergwerken abgebaut.

Magnetit

🔍 **Der schwarze, metallisch glänzende Magnetit ist magnetisch, das heißt, er wird von Magneten angezogen und zieht selbst kleine Eisenteile an. Weil das Mineral Magnetit Eisen enthält, heißt es auch Magneteisenstein.**

 eisenschwarz   **schwarz**   **5-6**

Einige Strände in Kalifornien, Neuseeland, Fuerteventura und Island sind von feinkörnigem Magnetit schwarz gefärbt. Weitere bekannte Fundorte liegen in Schweden, Australien und den USA. In Deutschland gibt es ihn im Lahn-Dill-Gebiet (Hessen).

Magnetit ist neben dem Hämatit eines der bedeutendsten Eisenerze. Wegen des hohen Eisenanteils und des starken Magnetismus zählt Magnetit zu den wichtigsten Rohstoffen für die Elektroindustrie. Außerdem wird Magnetit bis heute zum Bau von Kompassen eingesetzt.

Magnet auf einem Magnetit.

Probier's aus!

Halt einen Magneten an einen Magnetit. Versuch anschließend, mit dem Magnetit Büroklammern aus Eisen anzuziehen. Das gelingt natürlich nur, wenn der Magnetit groß genug ist.

Hämatit

 Manchmal wird Hämatit auch als Blutstein bezeichnet, da er beim Schleifen die Schleifflüssigkeit rot färbt – eben so, als ob der Stein bluten würde. Die grauschwarze Form des Hämatits heißt Eisenglanz, die rotbraune Roteisenerz. Beide Formen besitzen einen metallischen Glanz. Hämatit enthält, wie Magnetit, Eisen.

 grau bis schwarz, rotbraun

 rot bis rotbraun

💎 6

Weltweit gibt es über 9000 Fundorte. Unter anderem findet er sich in Deutschland im Lahn-Dill-Gebiet (Hessen). Weitere Vorkommen sind in Schweden, Russland, der Ukraine, Brasilien und den USA.

Hinweis zur Aufbewahrung

Hämatit läuft nach einiger Zeit bunt an. Bewahre dieses Mineral also besser in einem geschlossenen Plastikkästchen auf.

Bereits die Steinzeitmenschen verwendeten Hämatit als Farbe für ihre Höhlenmalereien. Da Hämatit sehr hohen Temperaturen standhält, wird er auch heute noch zum Färben von Fliesen und anderen Tongegenständen verwendet. Hämatit ist auch ein beliebter Schmuckstein.

Links ein Hämatit, wie er in der Natur gefunden werden kann, rechts ein geschliffener Hämatit.

Korund

🔍 Der Korund ist mit einer Härte von 9 nach dem Diamanten das zweithärteste Mineral. Korund besitzt einen Glanz wie Glas und enthält Aluminium. Man findet ihn in Umwandlungsgesteinen. Seine Kristalle sind häufig länglich, säulen- oder tonnenförmig.

 verschiedene Farben möglich, rot, blau

 weiß

 9

Ein roter Korund wird Rubin genannt.

Edelsteine aus Korund gibt es in Birma, Thailand, Sri Lanka und Australien. Kleinere Fundorte liegen in der Schweiz und Norwegen.

Ein blauer Korund heißt Saphir.

Korund wird, wenn er in der Qualität von Edelsteinen vorkommt, als Schmuck verwendet. Wegen seiner großen Härte wird er als Schleif- und Poliermittel eingesetzt. Du kennst dieses Schleifmaterial unter dem Namen Schmirgel oder auch Schmirgelpapier.

Rubine und Saphire – begehrte Edelsteine

Sehr begehrt ist rot und blau gefärbter Korund. Der rote Korund wird Rubin genannt und der blaue Korund heißt Saphir.

Korund findest du auch auf Schleifpapier.

Opal

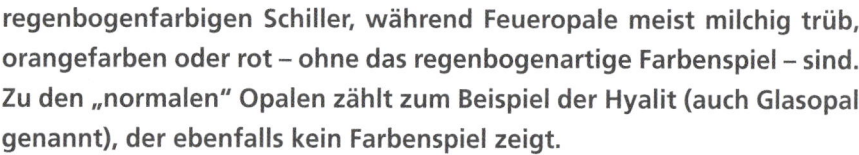

Opale glänzen entweder wie Glas oder wie Wachs. Man unterscheidet zwischen Opalen, Edelopalen und Feueropalen. Bewegst du einen Edelopal im Licht hin und her, so zeigt er einen regenbogenfarbigen Schiller, während Feueropale meist milchig trüb, orangefarben oder rot – ohne das regenbogenartige Farbenspiel – sind. Zu den „normalen" Opalen zählt zum Beispiel der Hyalit (auch Glasopal genannt), der ebenfalls kein Farbenspiel zeigt.

 verschiedene Farben möglich

 weiß

 5–6

Die bekanntesten Fundorte für Edelopale liegen in Australien. Weitere Vorkommen bestehen unter anderem in Brasilien, Guatemala, Honduras, Japan und den USA. Feueropale gibt es in Mexiko, Brasilien und Westaustralien.

Schon gewusst?

Der Opal bildet – ebenso wie der Obsidian – keine Kristalle. Man bezeichnet eine solche Struktur als amorph. Ein amorpher Stoff besitzt keine geordnete innere Struktur, sondern ein unregelmäßiges Muster. Der Begriff „amorph" stammt aus dem Griechischen und bedeutet „ohne Gestalt".

Edelopale schillern in allen Farben.

Opale werden ausschließlich zu Schmucksteinen verarbeitet.

Ein Ring mit Opal

Kalzit

Kalzit oder Kalkspat ist eines der formenreichsten Minerale, das heißt, dass er in sehr vielen verschiedenen Formen vorkommt und durch andere Elemente vielfältig gefärbt sein kann. Kalzit besitzt einen glasähnlichen Glanz und besteht aus Kalziumkarbonat. Er bildet in Höhlen die wunderschön anzusehenden und manchmal gigantischen Tropfsteine. Das Mineral Aragonit besitzt die gleiche chemische Zusammensetzung wie Kalzit.

 häufig farblos, weiß, grau, gelb

 weiß

 3

Kalzit findest du unter anderem in den nördlichen und südlichen Kalkalpen.

Tropfsteine bestehen aus Kalzit.

Kalzit in Form von Kalkstein wird zur Herstellung von Zement und Kunstdünger eingesetzt. Besonders reine Kristalle finden wegen ihrer optischen Eigenschaften Verwendung in der optischen Industrie.

Probier's aus!

Besorg dir einen mehrere Zentimeter großen, klaren (durchsichtigen), rautenförmigen Kalzitkristall. Leg ihn auf einen Zeitungsartikel: Der Text erscheint nun doppelt. Diese Eigenschaft der doppelten Lichtbrechung brachte dem Kalzit den Namen Doppelspat ein.

Kalzit kann die unterschiedlichsten Formen haben.

Azurit

 Azurit mit seiner tiefblauen Farbe wird auch Bergblau oder Kupferlasur genannt. Sein Name leitet sich von der Farbe Azurblau ab. Seine Färbung erhält das Karbonatmineral durch Kupfer. Seine Kristalle sehen häufig aus wie kurze Säulen oder Tafeln.

 tiefblau

 himmelblau

 3-4

Fundorte sind unter anderem in Frankreich, Namibia, Zaire, Russland, Marokko und den USA. In Deutschland findest du Azurit im Schwarzwald.

Azurit ist schon seit mehr als 4500 Jahren bekannt. Die Ägypter verwendeten das pulverisierte Mineral als Augenschminke. Wegen seiner klaren Farbe ist Azurit als Schmuckstein sehr beliebt.

Malachit

Der Malachit ist ein naher Verwandter des Azurits. Azurit verwandelt sich durch die Aufnahme von Wasser über eine Zeitdauer von mehreren Jahrhunderten langsam in den grünen Malachit. Die beiden Minerale sind sich deshalb recht ähnlich. Malachit besitzt jedoch einen hellgrünen Strich bei gleicher Härte (3 bis 4). Unverkennbar ist Malachit aufgrund seiner hell- bis schwarzgrünen Bänderung.

Azurit und Malachit sind beliebte Schmucksteine.

Gips

 Gips besteht aus Kalzium, Sulfat und Wasser. Eine Besonderheit sind die in heißen und trockenen Wüstengebieten zu findenden Sand- oder Wüstenrosen.

 farblos, weiß, gelblich, rötlich, braun

 weiß

 1–2

Gips ist weit verbreitet. Wichtige Fundorte befinden sich in Mexiko, Algerien, Spanien, Italien und den USA. In Deutschland findest du ihn am Harzrand, in Sachsen-Anhalt und nördlich der Schwäbischen Alb.

In der Architektur wird Gips in Form von Stuckgips und Gipskartonplatten verwendet. Außerdem dient er für Gipsabdrücke und Gipsverbände. Große, durchsichtige Kristalle von besonderer Reinheit tragen den Namen Selenit oder auch Marienglas, da sie früher als Ersatz für Glasscheiben vor Marienbildern in Kirchen eingesetzt wurden.

Ein großer Gipskristall

Gips oder Anhydrit?

Das Mineral Anhydrit hat eine ähnliche Zusammensetzung wie Gips – enthält allerdings kein Wasser. Anhydrit sollte deshalb immer trocken aufbewahrt werden. Es entsteht bei der Verdunstung von Meerwasser, wenn die Temperatur über 35 Grad Celsius steigt, oder durch Metamorphose aus Gips. Die Strichfarbe ist ebenfalls weiß und die Härte liegt bei 3 bis 4.

Baryt

 Baryt ist auch unter dem Namen Schwerspat bekannt, da das Mineral recht schwer in der Hand liegt. Es besteht aus Barium und Sulfat. Manchmal finden sich rosenblütenähnliche Formen – ähnlich den Sand- oder Wüstenrosen aus Gips. Sie nennt man Barytrosen.

 weiß, grau, gelb, rötlich

 weiß

 3–4

Die Sandrose aus Baryt gleicht der aus Gips.

Baryt gibt es unter anderem in Dreislar (Westfalen), wo ein Museum an den Abbau erinnert, sowie im Schwarzwald und im Thüringer Wald. Weitere Fundorte sind in England, Frankreich und den USA.

In der Medizin verwendet man Baryt als Kontrastmittel bei Röntgenaufnahmen. Ein solches Kontrastmittel macht bestimmte Strukturen auf dem Röntgenbild sichtbar. Feuerwerkskörpern verleiht Baryt eine hellgrüne Farbe.

Der Baryt wird auch Schwerspat genannt.

Probier's aus!

Besorg dir eine UV-A-Birne (Schwarzlicht) aus dem Baumarkt oder dem Elektrofachhandel und dreh sie in eine Schreibtischlampe. Verdunkle das Zimmer und richte den Lichtschein auf einen Baryt. Das Mineral leuchtet unter dem UV-Licht gelblich, orange oder rosa.

Apatit

Apatit ist ein vielfältig ausgebildetes Mineral und kommt in ganz verschiedenen Farben vor. Die Mineraloberfläche besitzt einen glasigen oder fettigen Glanz. Apatit enthält Kalzium und Phosphat. Die Kristalle ähneln kleinen sechsseitigen Säulen oder Tafeln, manchmal sind sie auch strahlenförmig.

 farblos, weiß, gelb, grün, blau, violett, rot

 weiß

 5

Fundorte von Apatit liegen unter anderem in Brasilien, Kanada, Mexiko, Marokko, Madagaskar, Russland und in den USA.

Das Mineral Apatit wird wegen des enthaltenen Phosphats in Düngemitteln verwendet. Allerdings schädigt eine Überdüngung der Äcker mit Phosphat Flüsse, Seen und das Grundwasser. Das Phosphat des Apatits wird darüber hinaus auch zur Herstellung von Streichholzköpfen verwendet. Zähne bestehen auch aus feinen Apatiten.

Apatitkristalle ähneln oft kleinen Säulen.

Apatit kommt auch in Düngemitteln zum Einsatz.

Achtung!

Verwechslungsgefahr! Der Name Apatit stammt aus dem Griechischen und bedeutet so viel wie „Täuscher". Denn Apatit kommt in sehr vielen Farben vor, sodass du ihn leicht mit anderen Mineralen verwechseln kannst.

Topas

🔍 Der glasartig glänzende
Topas kommt in sehr
vielen Farben vor. Häufig sind
seine länglichen Kristalle
durchsichtig. Die Farbe
eines Topases lässt sich
durch Erhitzen verändern.
So wird er durch Hitze
blau oder rötlich. Bestandteile des Minerals Topas
sind Silizium und Aluminium.

Schon gewusst?
Topase können sehr groß werden.
Der größte jemals gefundene
Topaskristall wog sage und schreibe
271 Kilogramm.

 farblos, gelb, braun, blau, grün, rot

 weiß

 8

Ein bedeutender Fundort von weingel-
ben Topaskristallen liegt im Vogtland
(Sachsen) nahe dem rund 24 Meter
hohen Schneckenstein-Felsen. Deshalb
nennt man diesen dort vorkommenden
Topas auch Schneckenstein(topas) oder
„Sächsischen Diamanten".

Geschliffene Topase dieses Fundortes finden
sich zum Beispiel in der englischen Königs-
krone. Weitere Fundorte sind unter anderem
in Afghanistan, Algerien, Japan, Mexiko, Norwegen, Pakistan und Schweden.

Topas wird vorwiegend als Schmuckstein
verwendet.

Wird ein Topas erhitzt, verändert er dauerhaft seine Farbe.

Kristalle des Topases

Olivin

 Olivine sind Silikate und gehören zu den häufigsten gesteinsbildenden Mineralen. Sie enthalten neben Silizium vor allem Magnesium und Eisen. Olivine kommen besonders oft in Erstarrungsgesteinen wie dem Gabbro und dem Basalt vor. Der ganze obere Erdmantel besteht überwiegend aus Olivin.

 olivgrün, gelblich, bräunlich

 weiß

6–7

Olivin hat oft eine olivgrüne Farbe.

Berühmt sind die Olivinbomben vom Dreiser Weiher in der Eifel. Bei diesen Bomben handelt es sich um Gesteinsbrocken, die vom Vulkan ausgestoßen wurden und fast vollständig aus Olivin bestehen. Weitere Fundorte liegen in Norwegen, Kanada, den USA, Ägypten, Südafrika und Russland.

Besonders schöne und durchsichtige Olivinkristalle werden als Schmucksteine verwendet. Sie werden unter dem Namen Peridot oder Chrysolith gehandelt. „Normale" Olivine setzt man zur Herstellung von hitzebeständigen Gläsern und feuerfesten Ziegeln ein.

Schon gewusst?

Der Mineralname Olivin leitet sich, wegen der grünen Farbe, von dem lateinischen Wort für Olive ab.

Olivin ist ein besonders häufig zu findendes Mineral.

Granat

🔍 **Die Farben der Granate sind recht vielfältig und reichen** von Blutrot über Violett oder Grün bis Schwarz. Granate können glasartig oder fettig glänzen, einige sind durchsichtig. Sie finden sich häufig in Umwandlungsgesteinen wie Gneis und Glimmerschiefer. Der Name Granat leitet sich von dem lateinischen Wort für „Korn" ab, da Granate häufig als kleine Körner im umgebenden Gestein vorkommen. Granate sind auch als Kristalle in Würfel- oder Achteckform recht häufig.

Schon gewusst?
Im Mittelalter nannte man rote Edelsteine wie Rubine, Spinelle und rote Granate auch Karfunkel oder Karfunkelsteine.

 rot, gelb, braun, grün

 weiß

 6–7

Ein Ring mit zahlreichen Granaten

Granat-Fundorte liegen im Bayerischen Wald, Erzgebirge, in Österreich, Schweden, Russland (Ural), Simbabwe, Madagaskar, Sri Lanka, den USA (Alaska) und Brasilien.

Bereits in der Antike wurden Granate als Schmucksteine geschätzt. Wegen ihrer Härte verwendet man sie auch zum Schleifen von Glas und Holz.

Granat befindet sich oft in Umwandlungsgestein.

Epidot

🔍 **Die glasartig glänzenden Kristalle des Epidots finden sich häufig in Umwandlungsgesteinen wie Marmor oder Amphibolit. Je nach der Farbe des Epidots tragen die Minerale unterschiedliche Namen: So ist der Piemontit beispielsweise kirschrot und der Pistazit pistaziengrün. Die Form der Kristalle ist häufig länglich und ähnelt kleinen Säulen.**

 dunkelgrün, blaugrün, schwarzgrün, teilweise rötlich

 grau

 6–7

Epidot findet sich unter anderem in Norwegen, Österreich, Frankreich, Pakistan, Peru, Mexiko, Russland, Tschechien, Alaska, in der Schweiz und auf der Prince-of-Wales-Insel. In Deutschland gibt es ihn im Bayerischen Wald bei Tittling.

Epidot wird ausschließlich als Schmuckstein verwendet. Da er allerdings sehr schwer zu verarbeiten ist, wirst du ihn so nur selten zu Gesicht bekommen.

Der pistaziengrüne Epidot wird Pistazit genannt.

Schon gewusst?

Der Name Epidot stammt aus dem Griechischen und bedeutet übersetzt so viel wie „Zugabe". Diesen Namen trägt das Mineral, da es lange Zeit mit Turmalin verwechselt wurde. Der französische Mineraloge René-Just Haüy (1743–1822) erkannte erst 1801, dass es sich bei dem Epidot um ein eigenständiges Mineral handelt.

Beryll

Der glasartig glänzende Beryll kommt in unterschiedlichen Farben vor. Die farblose Form heißt Goshenit. Ist er gelb, so nennt man ihn Goldberyll, rosa Morganit und blau Aquamarin. Ist der Beryll grün, so ist es ein Smaragd. Beryll findet sich entweder in Erstarrungsgesteinen wie Granit oder in Umwandlungsgesteinen wie Gneis.

 farblos, gelb, rosa, rot, blau, grün

 weiß

 7–8

Der farblose Beryll wird Goshenit genannt.

Einige der vielen Fundorte liegen in Brasilien, Kolumbien, Madagaskar, Namibia, Norwegen, Österreich, Pakistan, Russland und den USA.

Die schönfarbigen Beryllkristalle sind wertvolle Edelsteine. Das Mineral Beryll enthält das Leichtmetall Beryllium, welches unter anderem in der Raumfahrttechnik für Speziallegierungen eingesetzt wird. Außerdem stellte man bereits vor etwa 7000 Jahren Brillengläser aus Beryll her.

Schon gewusst?

Die schönsten Smaragde stammen aus den kolumbianischen Smaragdgruben. Dort wurden sie bereits von den Inkas aus dem Fels gehauen. Beryllkristalle können sehr groß werden. So wurde in den USA ein sechs Meter langer und 1,5 Tonnen schwerer Beryll gefunden.

Rosarote Berylle heißen Morganit.

Augit

Das Mineral Augit ist ein typischer Vertreter der Pyroxene. Diese haben Härten zwischen 5 und 6 und eine grünlich weiße Strichfarbe. Sie können hell- bis dunkel- oder bräunlich grün sowie bronzefarben gefärbt sein. Augite finden sich in Ergussgesteinen wie Basalt oder Gabbro. Ihre Kristalle bilden meist kurze Säulen oder Tafeln.

 schwarz, dunkelgrün, bräunlich

 weiß bis graugrün

 5–6

Gefunden wird Augit in Deutschland unter anderem am Laacher See (Eifel) und am Kaiserstuhl (Baden). Weitere Länder, in denen es Augit gibt, sind beispielsweise Frankreich, Italien (Vesuv/Stromboli), Kanada und Tschechien.

Das Mineral Augit hat keine spezielle Verwendung.

Schon gewusst?

„Pyroxen" leitet sich von den griechischen Wörtern für „Feuer" und „fremd" ab. Der Name kann also mit „Feuerfremde" übersetzt werden. Die Mineralgruppe erhielt ihn, da man früher glaubte, dass die Minerale Fremdeinschlüsse in der erstarrten Vulkanlava seien. Später stellte sich jedoch heraus, dass sich die Pyroxene bereits bilden, bevor die Lava ausströmt.

Augitkristalle sehen oft wie kleine Säulen aus.

Hornblende

Das Mineral Hornblende ist ein typischer Vertreter der Amphibole. Diese sind sehr vielfältig in ihrer Zusammensetzung und weltweit stark verbreitet. Sie haben meistens dunkle Farben und bilden gern länglich gestreckte, schlanke Kristalle. Amphibole kommen sowohl in Erstarrungsgesteinen (zum Beispiel Quarzdiorit) als auch in Umwandlungsgesteinen wie dem Namensvetter Amphibolit und Gneisen vor. Die Hornblende ist dem Augit äußerlich recht ähnlich.

 schwarz, hell- bis dunkelgrün

 graugrün bis graubraun

 5-6

In Deutschland gibt es Hornblenden am Laacher See in der Eifel und am Kaiserstuhl in Baden. Weitere Fundorte sind über die gesamte Erde verstreut, unter anderem in Australien, Brasilien, Kanada, Österreich, Schweden, der Schweiz, Tschechien, der Ukraine und den USA.

Das Mineral Hornblende hat keine spezielle Verwendung.

Hornblende in Hornblendegarbenschiefer

Merke!

Jede Hornblende ist ein Amphibol, aber nicht alle Amphibole sind Hornblenden.

Aktinolith

 Der glasartig bis seidig glänzende Aktinolith gehört genau wie die Hornblende zur Gruppe der Amphibole. Aktinolithkristalle sind faserig. Das Mineral Aktinolith findet sich in Umwandlungsgesteinen wie Amphibolit, Gneis und Tonschiefer.

 hell- bis dunkelgrün, weiß, grau, farblos

 weiß

◇ 5–6

Fundorte von Aktinolith befinden sich unter anderem in Argentinien, Australien, Belgien, Brasilien, Chile, China, Italien, Kanada, Tschechien und den USA. In Deutschland liegen seine Fundorte im Harz, Sauerland, Odenwald und im Erzgebirge.

Asbest ist giftig!

Asbest ist feuerfest und wurde früher zur Dämmung von Gebäuden eingesetzt. Heute weiß man, dass er sehr gesundheitsschädlich ist: Die dünnen Fasern können schwere Krankheiten verursachen, wenn sie beim Einatmen in die Lunge gelangen. Außerdem verrottet Asbest nur sehr langsam und lässt sich somit schlecht entsorgen. Deshalb ist seine Verwendung heute in vielen Ländern verboten.

Aktinolith wurde bei uns früher als Asbest verwendet. Heute ist das verboten.

Muskovit

Muskovit gehört zu den Hellglimmern.
Als Glimmer ist er sehr weit verbreitet und Bestandteil vieler Gesteine wie Granit, Glimmerschiefer und Gneis. Je nach Farbe und Beschaffenheit gibt es für das Mineral einen eigenen Namen. So bezeichnet man seidenglänzende Kristalle als Serizit und grünliche als Fuchsit.

 farblos, weiß, silbergrau, gelblich, grünlich

 weiß

 2–3

Muskovit wird vor allem in der Kosmetikindustrie verwendet.

Fundorte von Glimmer sind unter anderem Brasilien, Indien, Simbabwe, Norwegen, Russland und die USA. In Deutschland findest du reine Glimmerkristalle zum Beispiel im Fichtelgebirge.

Der Name des Muskovits leitet sich von seiner Verwendung als Fensterscheibe ab. Diese stammten ursprünglich aus Russland und nannten sich Moskauer (Muskoviter) Glas. In der Kosmetik glänzt Muskovit zum Beispiel in Lippenstiften und anderen Kosmetika.

Schon gewusst?

Eine weitere sehr häufig vorkommende Glimmerart ist der Biotit oder auch Dunkelglimmer. Er ist schwarz, dunkelbraun, grünlich schwarz und hat eine weiße Strichfarbe. Seine Härte beträgt ebenfalls 2 bis 3. Biotit kommt in vielen Erstarrungsgesteinen vor, zum Beispiel in Granit.

Einen grünen Muskovit nennt man Fuchsit.

Talk

Talk ist Hauptbestandteil von Speckstein, mit dem du bestimmt schon einmal gearbeitet hast. Aus Speckstein kannst du wegen seiner geringen Härte von 1 leicht Skulpturen herstellen. Ebenso wie Speckstein fühlt sich Talk fettig an und färbt leicht ab. Unter großer Hitze wird er allerdings sehr hart und feuerfest. Talk ist auch ein Bestandteil von Tonschiefer.

 farblos, weiß, grau, gelb, braun, grün

 weiß

 1

Fundorte von Talk liegen in Australien, Brasilien, China, Finnland, Frankreich, Italien, Kanada, Madagaskar, Mexiko, Norwegen, Österreich, Peru, Russland, Schweden, Ungarn, in der Schweiz und in den USA.

Talk wird fein gemahlen in Salben und Pudern als Bindemittel verwendet.

Probier's aus!

Tropfe mit einer Pipette einige Wassertropfen auf ein Stück Talk und zum Vergleich auf ein Holzbrettchen. Auf dem Talk bilden sich Wassertropfen, die schließlich an ihm herablaufen. Auf dem Holzbrettchen zerläuft der Wassertropfen zu einer Pfütze. Talk ist also wasserabweisend.

Aus Speckstein werden zum Beispiel Skulpturen hergestellt.

Talkpulver dient zum Beispiel in Pudern als Bindemittel.

Quarz

 Eines der wohl bekanntesten Minerale ist der Quarz. Er kommt in sehr vielen verschiedenen Farben und Formen vor. Nach den Feldspäten ist Quarz das zweithäufigste Mineral der Erdkruste. Farblosen, durchsichtigen Quarz bezeichnet man als Bergkristall. Milchquarz ist milchig weiß und trüb, Rauchquarz rauchig braun bis tiefschwarz, Rosenquarz rosa, Citrin gelb und Amethyst violett. Quarz ist Hauptbestandteil von Quarzit und Sandstein.

 farblos oder vielfältig gefärbt

 weiß

7

Schon gewusst?

Achat ist übrigens eine weitere bekannte Form des Quarzes. Achatscheiben haben ein gebändertes Aussehen. Dieses entsteht, da das Mineral die Hohlräume in Gesteinen in mehreren Schritten ausfüllt.

Ein Bergkristall

Quarz ist weltweit zu finden. Die farblose Variante, also den Bergkristall, gibt es in den Alpen, in Frankreich, Italien, Russland, Brasilien und Madagaskar.

Quarz ist ein Schmuckstein und wird außerdem zur Herstellung von Keramiken, Glas und Zement verwendet. Aus Quarzsand wird Silizium gewonnen, welches in vielen elektrischen Geräten, etwa in Computern, verwendet wird.

Feldspat

🔍 Feldspäte (Alkalifeldspat, Plagioklas) sind die häufigsten gesteinsbildenden Minerale der Erdkruste. Sie treten in sehr vielen Farben von Weiß über Rosa, Grün, Blau bis Braun auf, können aber auch farblos sein. Ihre Strichfarbe ist stets weiß und ihre Härte liegt bei 6. Zu finden sind sie in Erstarrungsgesteinen wie Granit, Gabbro und Basalt, aber auch in Umwandlungsgesteinen wie Gneis. Die Feldspäte lassen sich in verschiedene Gruppen unterteilen. Dazu zählen zum Beispiel die Alkalifeldspäte, zu denen der Orthoklas gehört.

 farblos, weiß, grau, gelb, grün, rosa, rot

 weiß

 6

Feldspat kann die unterschiedlichsten Formen besitzen.

Feldspäte sind weltweit verbreitet. In Deutschland gibt es sie unter anderem in der Oberpfalz und im Fichtelgebirge.

Feldspat ist neben Kaolin und Quarz ein wichtiger Rohstoff bei der Porzellanherstellung. Besonders reiner Feldspat wird als Ausgangsmaterial für Zahnersatz verwendet.

Plagioklase

Die Plagioklase stellen eine Gruppe der Feldspäte dar. Sie sind den Alkalifeldspäten recht ähnlich und ebenso verbreitet und vielfältig in ihrer Farbe. Ihre Strichfarbe ist ebenfalls weiß und ihre Härte liegt auch bei 6.

Zu den Feldspäten zählt auch der Orthoklas.

Fossilien

Ammoniten

Ammoniten besitzen ein spiral-
förmiges Gehäuse, ähnlich dem
von Schnecken. Allerdings sind sie
viel enger mit den Tintenfischen
verwandt als mit den Schnecken.
Ihre Gehäuse bestehen aus Kalk
und diese sind es, die du versteinert oder als Abdruck in Gesteinen
finden kannst. Der Durchmesser
der Schalen liegt zwischen einigen
Millimetern und fast drei Metern.

Fossiltyp: Körperfossil, Steinkern
Tierstamm: Kopffüßer
Lebenszeitraum: etwa vor 415 Millionen bis 65 Millionen Jahren

Die Ammoniten bevölkerten rund 350 Millionen Jahre die Meere. Es gab zwischen 30.000 und 40.000 verschiedene Arten. Sie starben zusammen mit den Dinosauriern aus. Ammoniten ernährten sich von Fischen, Krustentieren und Weichtieren. Sie beweg-ten sich mithilfe des Rückstoßprinzips fort und tauchten auf und unter wie ein U-Boot, indem sie die Kammern in ihrem Gehäuse mit Gas und einer bestimmten Flüssigkeit füllten oder entleerten.

Querschnitt durch einen Ammoniten

Schon gewusst?

Der größte bislang gefundene vollständige Ammonit ist ein 80 Millionen Jahre altes Exemplar und hat einen Durchmesser von 1,8 Metern. Er ist im LWL-Museum für Naturkunde in Münster ausgestellt.

Brachiopoden

Brachiopoden sind äußerlich den Muscheln recht ähnlich, wobei ihre beiden Klappen Rücken- und Bauchseite schützen, während die Schalen der Muscheln deren Körperseiten bedecken. Aus der unteren, größeren Klappe entspringt bei den meisten Arten ein Stiel, mit dem sie sich am Untergrund anheften. Sie lebten und leben im Meer und besitzen Schalen aus Kalk oder Chitin, die du heute weltweit entweder versteinert oder als Abdruck in Schiefern, Kalk- und Tonsteinen finden kannst.

Fossiltyp: Körperfossil, Schalenerhaltung
Tierstamm: Armfüßer
Lebenszeitraum: etwa seit
530 Millionen Jahren

Ihre Größe liegt meistens bei einigen Zentimetern. Die größten bislang gefundenen Schalen sind rund 30 Zentimeter groß. Die Oberfläche der Schalen ist entweder glatt oder hat eine Rillenstruktur.

Schon gewusst?

Heute bewohnen die etwa 300 Brachiopoden-Arten den Boden der Meere. Einige der ausgestorbenen Arten lebten fest verankert auf Korallen oder Steinen.

Die Armfüßer, wie die Brachiopoden auch genannt werden, filtern ihre Nahrung aus dem Wasser. Brachiopoden besitzen Arme, die mit vielen kleinen beweglichen Zirren (Fransen) besetzt sind. Mit deren Hilfe strudeln sie aus dem Meerwasser Algen sowie Kleintiere zum Mund.

Brachiopoden sehen wie Muscheln aus.

Trilobiten

🔍 Die Trilobiten sind entfernt mit den Krebsen verwandt. Man zählt sie zu den Gliederfüßern, da sie Lauf- und Ruderbeine besitzen, die aus einer Vielzahl von Gliedern zusammengesetzt sind. Der Name Trilobit (Dreilapper) ergibt sich sowohl aus der Längsgliederung der Tiere in Kopfschild, Körper und Schwanzschild als auch aus der Quergliederung in eine zentrale Achse mit seitlichen Loben (Lappen).

Fossiltyp: Körperfossil
Tierstamm: Gliederfüßer
Lebenszeitraum: etwa vor 570 Millionen bis 245 Millionen Jahren

Trilobiten-Panzer kannst du heute noch entdecken.

Der Kopf hat eine ovale, eine Halbkreis-, Kreis- oder Dreiecksform. Bei einigen Arten saßen Dornen oder Stacheln auf dem kalkigen Panzer. Diese Panzer findest du heute versteinert oder als Abdruck im Gestein. Trilobiten erreichten Größen zwischen einigen Millimetern und 70 Zentimetern.

Trilobiten waren Meeresbewohner, die sich wie ein Gürteltier einrollen konnten. Die meisten hatten gut entwickelte Facettenaugen, wie wir sie heute von vielen Insekten kennen. Trilobiten streiften im Laufe ihres Lebens- und Wachstumsprozesses ihren Panzer mehrmals ab. Auch diese abgeworfenen Panzerteile kann man als Fossilien finden. Trilobiten schwammen im bodennahen Wasser oder krochen auf dem Meeresboden umher. Einige filterten ihre Nahrung aus dem Meerwasser, andere waren Räuber und jagten Kleinlebewesen.

Schon gewusst?

Manchmal haben sich von den Trilobiten nicht nur die Panzer, sondern auch Kriech- oder Wühlspuren im Gestein erhalten. Es sind über 1500 Gattungen bekannt.

Gastropoden

🔍 **Zahlreiche Schnecken (Gastropoden) sind inzwischen ausgestorben, sodass wir sie heute nur noch als Fossilien kennen. Die kalkigen Schneckenhäuser findest du versteinert oder als Abdruck im Gestein. Schnecken zählen zu den häufigsten Fossilfunden weltweit. Daneben finden sich auch zahlreiche Lebensspuren wie Kriechspuren und Bohrlöcher. Schneckenhäuser können glatt sein oder Rillen aufweisen und Höcker, Wülste, Dornen oder Stacheln tragen. Die uns aus dem Garten geläufigen Nacktschnecken sind natürlich nicht fossil überliefert.**

Fossiltyp: Körperfossil, Abdruck
Tierstamm: Weichtiere
Lebenszeitraum: etwa seit 530 Millionen Jahren

Schon gewusst?

„Gastropoden" ist die wissenschaftliche Bezeichnung für Schnecken. Der Begriff stammt aus dem Griechischen und kann mit „Bauchfüßer" übersetzt werden.

Unter den Schnecken gibt es solche, die im Meer leben, aber auch zahlreiche Arten, die im Süßwasser oder an Land vorkommen. Gastropoden haben einen muskulösen Fuß und tragen auf dem Kopf ein bis zwei Fühlerpaare und Augen. Ihre lebensnotwendigen Organe werden vom Gehäuse geschützt, in das sie sich bei Gefahr auch ganz zurückziehen können.

Versteinerte Schneckenhäuser (Steinkerne)

Die meisten im Wasser lebenden Schnecken bewohnen den Meeresgrund. Sie ernähren sich vor allem von Algen, die sie von Korallen oder Steinen abweiden. Es gibt auch Räuber unter ihnen, die Gehäuse oder Schalen anderer Schnecken und Muscheln anbohren. Einige ernähren sich auch von toten Tieren, die auf den Meeresboden gesunken sind.

Echinoidea

Seeigel (Echinoidea) zählen zusammen mit den Seesternen (Asteroidea) und einigen anderen Gruppen zu den Stachelhäutern. Es gibt eine Fülle ausgestorbener und lebender Arten. Viele Seeigelarten sind regelmäßig fünfstrahlig, das heißt, ihre Körper und Gehäuse gliedern sich in fünf gleiche Abschnitte.

Fossiltyp: Körperfossil, Steinkern
Tierstamm: Stachelhäuter
Lebenszeitraum: etwa seit
480 Millionen Jahren

Fossil kannst du das Gehäuse der Seeigel finden. Es besteht aus Kalzit. Auf der rundlich gewölbten Oberfläche siehst und fühlst du die Stellen, an denen die Stacheln gesessen haben, deutlich als kleine Hügel. Auf der Unterseite der Seeigel befindet sich in der Regel der Mund und sein mit „Zähnen" versehener Fressapparat.

Seeigel leben auf dem Grund und in den Uferregionen aller Weltmeere. Unter ihnen gibt es Pflanzen- und Fleischfresser. Die Stacheln der Seeigel sitzen auf kleinen Gelenkhöckern und sind durch Muskeln teilweise beweglich. Die Stacheln dienen dem Schutz vor Räubern. Manche sondern beim Stechen sogar ein Gift ab. Einige Seeigel bohren sich mit ihren Stacheln in Korallenriffe und Felsen. Vielen Seeigelarten dienen die Stacheln auch zur Fortbewegung.

Schon gewusst?

Der kompliziert gebaute, fünfstrahlig aus „Zähnen" und weiteren filigranen Skelettelementen konstruierte Fressapparat der Seeigel wird als „Laterne des Aristoteles" bezeichnet, weil der im vierten vorchristlichen Jahrhundert lebende griechische Naturforscher und Philosoph ihn als Erster beschrieben hat.

In ganz seltenen Fällen findet man sogar ganze Seeigel als Fossil.

Versteinerte Fische

Die ältesten Spuren von Knochenfischen (Strahlenflosser) sind über 420 Millionen Jahre alt. Quastenflosser und Lungenfische sind etwas jünger. Alle drei genannten Ordnungen haben bis heute überlebt.

Fossiltyp: Körperfossil
Tierstamm: Fische
Lebenszeitraum: etwa seit 420 Millionen Jahren

Schon gewusst?

Der Quastenflosser wird zu den lebenden Fossilien gezählt. Lebewesen mit dieser Bezeichnung galten oftmals bereits als ausgestorben und waren zuerst nur durch fossile Funde bekannt. Doch schließlich entdeckte man doch noch lebende Verwandte, die teilweise noch so aussehen wie ihre Vorfahren vor Millionen von Jahren.

In den Steinschichten finden sich neben einzelnen Fischknochen ganze Skelette, Schuppen oder Zähne beziehungsweise deren Abdrücke im Gestein. Auch die winzigen, dem Gleichgewichtssinn dienenden Knochenplättchen (Otolithen) treten teilweise massenhaft auf. Recht häufig sind Haifischzähne, da sie nicht so leicht zerfallen wie Knochen. Haifische, eine Gruppe der Knorpelfische, besitzen mehrere Zahnreihen. Es findet ein ständiger Zahnwechsel statt. Abgenutzte oder nicht mehr in Funktion befindliche Zähne fallen aus, und die dahinter befindlichen neuen Zähne kommen zum Einsatz.

Ein versteinertes Fischskelett

Fische leben sowohl in Süßwasser als auch in Salzwasser überall auf der Erde. Unter ihnen gibt es Pflanzenfresser, Raubfische und Filtrierer. Einige Arten können sogar kurze Gleitflüge über die Wasseroberfläche unternehmen. Sie nennt man Fliegende Fische. Lungenfische sind in der Lage, Luftsauerstoff zu atmen, und können auf der Suche nach Wassertümpeln kleine Überlandausflüge machen.

„Urvogel" Archäopteryx

🔍 Der Fund des Archäopteryx im Jahr 1861 erregte unter den Wissenschaftlern viel Aufsehen. Denn das versteinerte Tier besaß Merkmale eines Flugsauriers, zum Beispiel Zähne und einen aus Wirbeln aufgebauten Schwanz. Gleichzeitig hatte es Merkmale eines Vogels, nämlich mit Federn besetzte Flügel. Daher hat der Archäopteryx seinen Namen. Übersetzt heißt er Urvogel (genauer: Urflügel).

Fossiltyp: Körperform
Tiergruppe: Archosaurier
Alter: etwa 150 Millionen Jahre

Bis heute sind insgesamt zehn fossile Urvögel gefunden worden – darunter auch der Abdruck einer einzelnen Feder. Der Fund des Archäopteryx ist deshalb so bedeutend, weil er in der Entwicklung der Wirbeltiere als Bindeglied zwischen den Reptilien und den Vögeln gilt.

Ob der Archäopteryx wirklich fliegen konnte oder nur von Bäumen zur Erde segelte, ist bislang unklar. Er legte Eier und ernährte sich wahrscheinlich von Insekten.

Fundorte

Den ersten Archäopteryx-Fund machte Hermann von Meyer (1801–1869) 1861 in einem Weißjura-Steinbruch in der Fränkischen Alb bei Solnhofen (Bayern). Ein weiterer Fundort ist das nahe gelegene Eichstätt.

Ein versteinerter Archäopteryx ist ein ganz besonderer Fund.

Bernstein

Beim Bernstein handelt es sich nicht um ein Mineral, sondern um ein pflanzliches Produkt. Denn Bernstein entsteht aus Harz. Dieses quillt aus der Rinde von Bäumen, um Verletzungen im Holz zu verschließen. Mit der Zeit wird das zähflüssige Harz dann fest.

 farblos, weiß, hell- bis goldgelb, orange, rot, braun

 2

Alter: etwa bis 260 Millionen Jahre

Beim Herabtropfen des noch flüssigen Baumharzes kann es passieren, dass Insekten, Spinnen oder Pflanzenreste von dem Harz eingeschlossen werden. Auf diese Weise bleiben diese kleinen Zeitzeugen über viele Millionen Jahre erhalten und erzählen uns etwas über ihre ehemaligen Lebensräume.

Bernstein wird sehr häufig an der Ostseeküste am Strand angespült. Weitere Fundorte liegen in Sizilien, Mittelitalien, Rumänien, Großbritannien, im Libanon, in Burma, Japan sowie in der Dominikanischen Republik (Mittelamerika) und in der Ukraine.

Probier's aus!

Reib einen Bernstein kräftig an einem Wolltuch. Der Bernstein lädt sich dadurch elektrostatisch auf und zieht leichte Gegenstände wie Papierschnipsel an.

Bernstein wird gern als Schmuck verwendet.

Bernstein ist ein begehrter Schmuckstein und wird zum Beispiel zu Ketten, Ringen und Anhängern verarbeitet.

Bernstein mit Insekt

Versteinerte Pflanzen

🔍 Die ersten Land-
pflanzen tauchten
vor etwa 400 Millionen
Jahren auf. Zu den frühesten
Vertretern gehörten Farne,
Schachtelhalme und die
Bärlappe. Sie hinterließen

häufig Abdrücke ihrer Blätter im Gestein. Auch Abdrücke ihrer Stämme
sind zahlreich bekannt sowie als Ganzkörper-Versteinerungen erhaltene
Wurzeln. Es gibt auch Einschlüsse (in Bernstein) oder Versteinerungen
von Sporen oder Samen.

Fossiltyp: Abdruck
Pflanzengruppe: Schachtelhalme, Bärlappe, Farne
Alter: etwa bis 400 Millionen Jahre

Schachtelhalme

Die heutigen Schachtelhalme sind die letzten
Überlebenden einer ehemals artenreichen
Gruppe. Die Schachtelhalme zählen zu den
Gefäßpflanzen. Sie erreichten Höhen von bis
zu 30 Metern und hatten Stämme mit Durchmessern von rund einem Meter. Sie machten
einen Großteil der Urwälder des Erdaltertums
aus, aus denen Steinkohle entstand.

Die Struktur der Pflanze ist noch gut zu erkennen.

Bärlappgewächse

Die Bärlappgewächse sind die einzigen heute noch existierenden Verwandten aus der
Gruppe der Bärlappartigen. Mit riesigen Schuppen- und Siegelbäumen hatten sie
während der Karbonzeit (vor circa 360 Millionen bis 290 Millionen Jahren) ihren Ent-
wicklungshöhepunkt erreicht. Sie zählen ebenfalls zu den Gefäßpflanzen. Die heutigen
Bärlappgewächse sind krautige, immergrüne Pflanzen.

Versteinertes Holz

Damit Holz versteinern kann und nicht verrottet, muss es luftdicht abgeschlossen werden. Dies kann der Fall sein, wenn ein Baumstamm in einen Fluss, See oder ins Meer fällt, dort auf den Boden sinkt und recht schnell von anderen Materialien, zum Beispiel Tonen, überdeckt wird.

Fossiltyp: Pflanzen-Verkieselung
Pflanzenart: Laub- und Nadelbäume
Alter: etwa bis 350 Millionen Jahre

Auch die Asche eines Vulkanausbruches kann umgefallene Baumstämme luftdicht verschließen. Unter diesen Umständen wird das Holz urzeitlicher Bäume in Kohle umgewandelt.

Eine weitere Möglichkeit der Fossilisierung von Holz bietet sich, wenn das Holzgewebe während des Austritts heißer vulkanischer Wässer durch

Querschnitt eines versteinerten Baumes

Minerale ersetzt wird. Bei diesen wässrigen Lösungen handelt es sich häufig um Kieselsäure. Diesen Prozess nennt man deshalb auch Verkieselung.

Auf der ganzen Erde gibt es Fundstellen von versteinerten Hölzern, ja sogar ganzer Wälder, zum Beispiel im Petrified-Forest-Nationalpark (Arizona, USA), im Yellowstone-Nationalpark (USA), in Kalifornien (Calistoga, USA), Namibia, auf der Insel Lesbos und in Sachsen (Chemnitz).

Versteinertes Holz war über Millionen von Jahren luftdicht verschlossen.

Activity-Ideen

Steine bemalen

Manchmal haben Steine keine besonders auffälligen Muster oder Farben, sondern sehen eher gewöhnlich aus. Haben sie jedoch eine schöne Form und schmeicheln der Hand, möchtest du sie vielleicht trotzdem aufheben. Mit etwas Farbe verwandelst du sie in feurige Vulkane oder fröhliche Platzkarten.

Heiße Wachsvulkane

Dazu brauchst du:

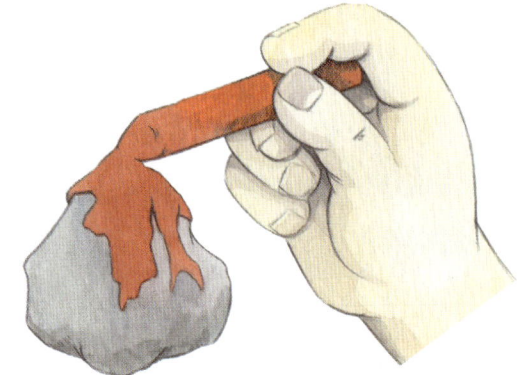

- abgerundete Steine
- Backblech
- Backpapier
- Topflappen
- Wachsmalstifte

Und so geht's:

1. Schieb einen Rost in die Mitte des Backofens und heiz ihn auf 200 Grad Celsius (Ober- und Unterhitze) vor.
2. Leg die Steine auf den Rost und lass sie 15 Minuten im Ofen.
3. Leg das Backblech mit einem Stück Backpapier aus.
4. Hol die heißen Steine vorsichtig mit einem Topflappen aus dem Ofen und lege sie auf das Backpapier.
5. Wähle einen Wachsstift und drück ihn oben auf den Stein. Durch die Hitze schmilzt das Wachs und läuft am Stein herunter.
6. Wähle eine zweite, dritte und vierte Farbe und lass sie ebenfalls am Stein herunterlaufen.
7. Bist du mit deinem Werk zufrieden, lässt du den Stein abkühlen. Dabei wird das Wachs wieder fest.

Die fertigen Steine kannst du zum Beispiel als Briefbeschwerer benutzen oder Blumenbeete mit ihnen schmücken.

Fröhliche Platzkarten

Dazu brauchst du:

- abgerundete Steine
- Knete
- Acrylfarbe
- Pinsel
- Lackmalstift in Gold oder Silber
- Klarlack

Und so geht's:

1. Wasch die Steine und trockne sie gründlich ab.
2. Zum Bemalen drückst du den Stein in ein Stück Knete. So bekommt er einen sicheren Stand und kippt dir beim Anmalen nicht um.
3. Mal den Stein mit der Acrylfarbe an und lass die Farbe trocknen. Steck den Stein dann mit einem bereits angemalten Ende in die Knete, damit du auch die letzte verbliebene freie Fläche anstreichen kannst. Dann lässt du den Stein wieder trocknen.
4. Schreib mit dem Lackmalstift den gewünschten Namen auf den Stein.
5. Lackier die fertig beschrifteten Steine rundherum mit dem Klarlack, damit sie schön glänzen. Auch der Lack muss gut trocknen.

Die fertigen Namenssteine kannst du auf dem Esstisch wie Platzkarten verwenden. Sie eignen sich aber auch zur Kennzeichnung von Geschenkbeutelchen an Geburtstagen. Die Steine lassen sich aber nicht nur gut bemalen, sondern du kannst sie auch zusätzlich mit Pailletten bekleben. So schauen sie noch kunstvoller aus.

Eruption

Steine sind hart. Gestein kann aber auch flüssig sein, nämlich dann, wenn es sehr hohen Temperaturen ausgesetzt ist. Das ist zum Beispiel im Erdinneren der Fall. Dort herrschen Temperaturen von mehr als 1000 Grad Celsius. Das Gestein schmilzt, steigt im Erdmantel auf und sammelt sich in großen Magma-Kammern. Magma nennt man das flüssige Gestein. Manchmal wird der Druck in diesen Magma-Kammern so groß, dass das flüssige Gestein weiter aufsteigt und sich durch Ritzen und Spalten einen Weg bis an die Erdoberfläche bahnt. Dann spricht man von einer Eruption oder einem Vulkanausbruch und das flüssige Gestein heißt nun Lava. Bricht ein Vulkan immer an derselben Stelle aus, bildet sich durch die erkalteten Lavaschichten ein kegelförmiger Berg. Bau dir einen Vulkan und lass ihn ausbrechen.

Dazu brauchst du:

- leere 100-Milliliter-Plastikflasche
- 1 Päckchen Backpulver
- große Schüssel mit Sand (noch besser ist ein Sandkasten im Freien)
- 50 Milliliter Essig (5 Prozent Essigsäure)
- Messbecher mit Ausguss
- rote Lebensmittelfarbe
- langen Löffel

Und so geht's:

1. Füll den Inhalt des Backpulvertütchens in die leere Plastikflasche und verschließe sie.
2. Stell die Flasche in die Mitte der Sandschüssel oder in den Sandkasten.
3. Forme aus dem Sand um die Plastik- flasche herum einen kegelförmigen Berg. Die Öffnung muss herausschauen. Ist der Sand sehr trocken, vermengst du ihn mit etwas Wasser.
4. Öffne den Flaschendeckel.
5. Gieß 50 Milliliter Essig in den Messbecher und färbe die Flüssigkeit mit der Lebensmittelfarbe kräftig rot. Rühr die Mischung mit dem Löffel um, bis sich die Farbe gleichmäßig verteilt hat.
6. Gieß die Essig-Farb-Mischung vorsichtig in das Fläschchen mit dem Backpulver. Beobachte, wie dein Vulkan ausbricht und die „Lava" den Vulkankegel hinabfließt.

Das passiert: Die Essigsäure reagiert mit dem Backpulver und dabei entsteht das Gas Kohlenstoffdioxid. Es bilden sich viele Bläs- chen. Sie drücken die Flüssigkeit im Fläsch- chen immer weiter nach oben und der Vulkan bricht schließlich aus.

Spiele mit Steinen

Steine eignen sich hervorragend, um mit ihnen zu spielen. Dazu müssen sie nicht besonders hübsch sein und auch nicht gleich groß. Sammle ein paar Kieselsteine, such dir einen oder mehrere Mitspieler und schon kann es losgehen.

Stein-Pyramide (für zwei Spieler)

Dazu brauchst du:

- 16 Steine

Und so geht's:

1. Ordne die Steine auf einem Tisch in vier übereinanderliegenden Reihen an. In die unterste Reihe kommen sieben Steine nebeneinander. In der Reihe darüber liegen fünf Steine. Die dritte Reihe von unten hat nur noch drei Steine und ganz oben liegt ein einzelner Stein. Die Form der Steine auf dem Tisch sollte einer Pyramide ähneln.
2. Es wird ausgelost, welcher Spieler beginnt.
3. Der erste Spieler nimmt aus einer beliebigen Reihe so viele Steine weg, wie er möchte. Dann ist der nächste Spieler an der Reihe und wählt ebenfalls aus einer Reihe eine Anzahl Steine.
4. Das Spiel endet, wenn ein Spieler den letzten Stein aus einer Reihe nimmt. Damit hat er verloren und der andere Spieler gewinnt.

Steine in der Hand (für zwei Spieler)

Dazu brauchst du:

- 10 Steine

Und so geht's:

1. Jeder Spieler nimmt sich fünf Steine.
2. Von seinen fünf Steinen versteckt jeder so viele in seiner Hand, wie er möchte.
3. Auf ein Zeichen hin strecken beide Spieler die Hand mit den versteckten Steinen aus. Jeder versucht nun zu erraten, wie viele Steine in beiden Händen zusammen sind, und nennt eine Zahl.
4. Die Hände werden geöffnet und die Steine darin gezählt. Wer die richtige Zahl erraten hat, bekommt vom Mitspieler einen Stein.
5. Dann werden die nächsten Runden gespielt. Gewonnen hat derjenige, der am Schluss alle zehn Steine besitzt.

Schüssel versenken (für zwei bis vier Spieler)

Dazu brauchst du:

- kleine Plastikschüssel
- große Schüssel mit Wasser
- 10–20 Steine

Und so geht's:

1. Stell die kleine Plastikschüssel in die große wassergefüllte Schüssel. Sie muss auf dem Wasser schwimmen.
2. In die kleine Schlüssel legen die Spieler der Reihe nach vorsichtig je einen Stein. Ziel ist, dass die Schüssel dabei nicht untergeht.
3. Wer mit seinem Stein die Schüssel zum Sinken bringt, verliert die Spielrunde.

Speckstein schnitzen

Speckstein besteht hauptsächlich aus Talk, einem äußerst weichen Mineral. Deshalb lässt sich der Stein sehr leicht bearbeiten und in die unterschiedlichsten Formen bringen. Du kannst Würfel aus ihm schnitzen, Tiere, Schmuckanhänger oder Autos. Deiner Fantasie sind keine Grenzen gesetzt. Da der Abrieb sehr staubt, arbeitest du am besten im Freien. Arbeite aber hier nur mithilfe eines Erwachsenen.

Dazu brauchst du:

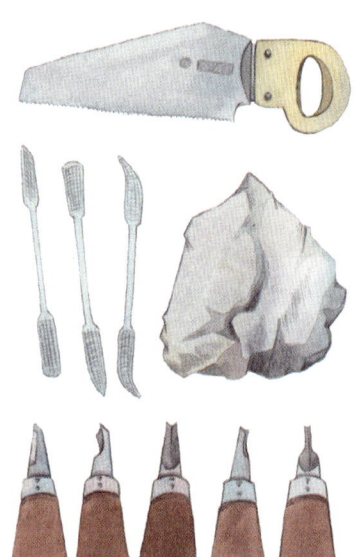

- Bleistift
- Speckstein
- Säge
- 1 grobe und 1 feine Raspel
- Schnitzmesser
- weichen Pinsel
- Schleifpapier mit grober und feiner Körnung
- Handbohrer für Löcher
- Specksteinöl
- weiches Tuch zum Polieren

Und so geht's:

1. Überleg dir die spätere Figur oder Form deines Steins. Zeichne die grobe Form mit dem Bleistift an.

2. Überschüssiges Material sägst du mit der Säge ab. Lass dir bei Bedarf von einem Erwachsenen dabei helfen.

3. Mit den Raspeln kannst du weiteren Stein entfernen, um deiner Form näher zu kommen. Arbeite zuerst mit der groben Raspel, dann mit der feinen. Je gröber die Raspel, desto mehr Stein kannst du mit ihr in einem Arbeitsgang entfernen.

4. Nach dem Raspeln geht es ans Schnitzen. Mit einem Schnitzmesser kannst du feine Linien und Vertiefungen in den Stein arbeiten. Arbeite mit dem Messer immer vom Körper und den Fingern weg. So kannst du dich nicht verletzen, wenn du mit dem Messer aus Versehen abrutschst.

5. Entferne zwischendurch den feinen Staub von deinem Werkstück, damit du die Form besser siehst. Benutze dafür einen weichen Pinsel und bürste den Staub vorsichtig aus den Vertiefungen des Steins. Nicht pusten! Der Staub ist sehr fein und würde sich sofort überall verteilen.

6. Hat der Stein schon fast seine endgültige Form, kannst du die letzten Feinarbeiten mit dem Schleifpapier erledigen. Auch hier arbeitest du erst mit dem groben Papier und dann mit dem feinen. Besonders wichtig sind die Ecken. Sie sollten nicht mehr scharfkantig, sondern schön abgerundet sein.

7. Falls du den Stein aufhängen möchtest, bohrst du mit dem Handbohrer noch ein Loch hinein.

8. Ist die Figur fertig, wäschst du den Staub mit Wasser ab. Lass den Stein trocknen.

9. Reib den Stein zum Schluss mit dem Öl ein. So bekommt er einen schönen Glanz.

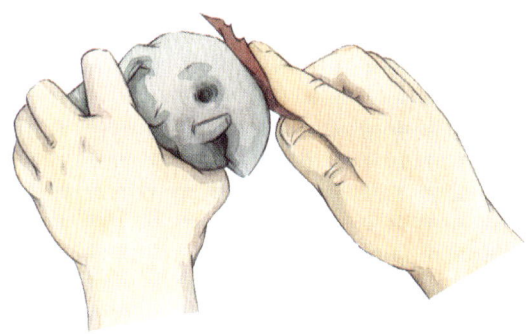

Mit Erdfarben malen

Erde besteht auch aus Gestein. Im Laufe der Zeit verwittert es. Dabei wird es immer kleiner und schließlich zum Erdboden oder zum Sand am Strand. Der Erdboden kann ganz unterschiedliche Farben haben: schwarz, braun, gelb oder rot – je nachdem, aus welchem Gestein der Boden besteht und welche Mineralien und Metalle sich zusätzlich darin befinden.

Dazu brauchst du:

- verschiedene Erden
- Schraubgläser mit Deckel
- kleine Schaufel
- Mörser mit Stößel
- pro Erdton ein Schälchen
- etwas Wasser
- Pinsel
- Papier
- Haarspray

Und so geht's:

1. Nimm von verschiedenen Orten Erdproben und füll sie mit der Schaufel in ein Schraubglas.
2. Ist die Erde im Glas sehr grob, dann zerreibst du sie im Mörser. So lässt sie sich später leichter mit Wasser mischen.
3. Gib zu deinen Erdproben in den Schraubgläsern etwas Wasser. Misch beides gut durch und füll die Erdfarbe dann in die Schälchen.
4. Mal mit verschiedenen Erdfarben ein Bild.
5. Wenn das Bild getrocknet ist, besprühst du es aus 30 Zentimeter Entfernung mit dem Haarspray. Es sorgt dafür, dass die Farben auf dem Blatt besser haften.

Sammelkästen basteln

Wenn du von deiner Expedition in die Natur zurückkommst, bringst du bestimmt viele Steine, Minerale und Fossilien mit. Damit deine Funde nicht in irgendeiner Schublade landen und in Vergessenheit geraten, kannst du dir Sammelkästen basteln, um sie ordentlich aufzubewahren und bei Gelegenheit deinen Freunden und Verwandten zu zeigen.

Dazu brauchst du:

- Lineal
- Stift
- Papier
- farbiges Tonpapier
- Schere
- Klebstoff
- eventuell durchsichtiges Klebeband
- Watte
- Etiketten
- 2–3 Schuhkartons mit Deckel

a = Länge, b = Breite, c = Höhe,
--- = Einschneiden, —— = Faltlinie

Und so geht's:

1. Jedes Fundstück bekommt ein eigenes, auf seine Größe zugeschnittenes Schächtelchen. Dazu misst du mit dem Lineal die Breite, Länge und Höhe des Steins, Minerals oder Fossils. Notier dir die drei Werte am besten auf einem Blatt Papier.
2. Nun zeichnest du mit einem Bleistift die Umrisse für deine Faltschachtel entsprechend der Abbildung (siehe oben) auf das Tonpapier.
3. Schneid dann den Umriss der Schachtel aus. Zuletzt schneidest du entlang der gestrichelten Linie die Ränder ein.
4. Dann klappst du die Ränder entlang der Faltlinien hoch und klebst die vier Ecken mithilfe von Klebstoff fest. Zur Verstärkung der Ecken kannst du zusätzlich ein Stück durchsichtiges Klebeband von außen darumkleben. So hält das Ganze noch besser.

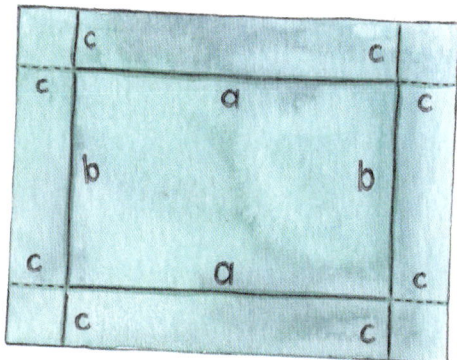

5. Schreib nun auf ein Etikett den
   Namen deines Gesteins, Minerals
   oder Fossils, den genauen Ort
   und das Datum, an dem du es
   gefunden hast. Kleb das Etikett
   auf die Unterseite deiner Schachtel.

6. Füll die Schachtel nun mit etwas
   Watte und leg dein Fundstück
   hinein. Das Ganze stellst du in
   einen Schuhkarton zusammen
   mit weiteren Fundstück-
   schächtelchen. Und schon
   ist deine Sammelkiste fertig.

Hinweis

Für manche Minerale, zum Beispiel Halit
(Steinsalz), benötigst du ein Kästchen
mit Deckel, damit das Mineral nicht mit
dem Wasser der Luft (Luftfeuchtigkeit)
reagiert und sich verändert. Verwende
zur Aufbewahrung solcher Fundstücke
beispielsweise leere Cremedosen oder
Schachteln aus Kunststoff.

Salzkristalle züchten

In diesem Experiment kannst du selbst sehen, wie Kristalle wachsen – und das relativ schnell. In der Natur dauert das natürlich viel länger.

Dazu brauchst du:

- leeres Gurkenglas
- Löffel
- Kochsalz
- Bleistift
- Bindfaden
- metallische Büroklammer
- Wasser

Und so geht's:

1. Füll das Gurkenglas mit heißem Wasser.
   Gib nun mit dem Löffel Kochsalz dazu.
   Rühr jedes Mal gut um und gib so viel Salz ins
   Wasser, bis sich das Salz nicht mehr im Wasser löst,
   sondern sich ein Bodensatz bildet. Das nennt man eine gesättigte Lösung.
2. Bind nun den Bindfaden an den Bleistift. Am unteren Ende des Fadens befestigst
   du die Büroklammer. Der Faden sollte so lang sein, dass die Büroklammer etwa
   in der Mitte des Glases hängt.
3. Lass nun die Büroklammer an dem Faden ins Glas sinken und leg den Bleistift
   auf den Glasrand. Nun brauchst du nur noch
   etwas Geduld. Bereits nach
   einigen Tagen bilden sich
   an dem Faden und an der
   Büroklammer Salzkristalle.

Probier's mal anders

Anstelle des Kochsalzes kannst du dieses Experiment auch mit Zucker oder Backpulver machen. Mit einem zusätzlichen Tropfen Lebensmittelfarbe oder Tinte gelingen dir auch farbige Kristalle. Verwendest du anstelle der Büroklammer Pfeifenreiniger, die du zu bizarren Formen verbiegst, so erhältst du ganze Kristallgebilde.

Fossilien selbst herstellen

Hier kannst du mithilfe von einigen Materialien deine eigenen Fossilien machen und sie deinen Freunden und der Familie zeigen.

Dazu brauchst du:

- Holzbrett oder dicke Pappe
- Modellierton
- Teigrolle
- Muschel oder Schneckenhaus
- Pinsel
- Vaseline
- dünne Pappe
- Schere
- Klebstoff
- Gips

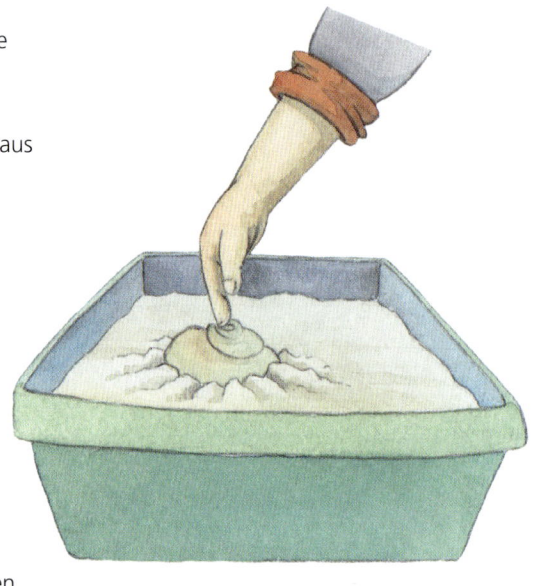

Und so geht's:

1. Forme mit dem Ton auf einem Brett oder dicker Pappe, die als Unterlage dienen, einen dicken Fladen.
   Roll den Ton wie ein Stück Kuchenteig mit der Teigrolle aus.
2. Säubere deine Muschel oder das Schneckenhaus und drück das Abdruckobjekt fest in den Ton. Löse die Muschel oder das Schneckenhaus vorsichtig wieder heraus.
3. Nun hast du einen schönen Abdruck von deinem Fossil. Reib jetzt mit einem Pinsel Vaseline auf die Abdruckstelle.
4. Schneid aus der dünnen Pappe einen etwa fünf Zentimeter breiten Streifen zurecht. Form aus dem Pappstreifen einen Ring und kleb ihn an den Enden zusammen. Setz ihn dann als Rand um den Abdruck im Ton.

5. Misch nun den Gips wie auf
   der Packung beschrieben und
   gieß ihn in den umrandeten
   Abdruck. Wart so lange, bis der
   Gips hart geworden ist.
6. Entferne dann den Papprand
   und trenne den Gips vom Ton.
   Nun hast du eine Form, den
   Abdruck aus Ton – und einen
   Abguss aus Gips – dein eigenes
   Fossil.

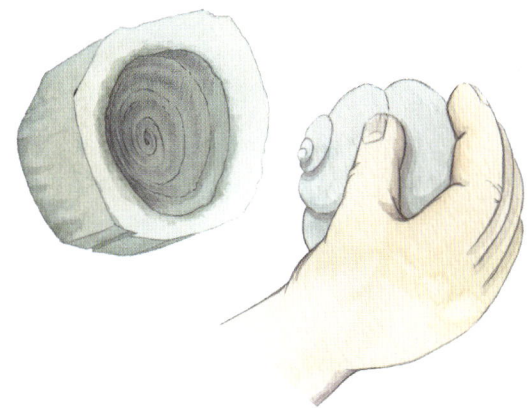

Steine springen lassen

Es ist nicht ganz einfach, einen Stein so auf das Wasser zu werfen, dass er wieder hochspringt. Du brauchst ein wenig Übung und den richtigen Dreh für dieses faszinierende Geschicklichkeitsspiel. Trainiere ein paar Mal, dann kannst du mit Freunden einen Wettbewerb austragen, wessen Stein am häufigsten springt.

Dazu brauchst du:

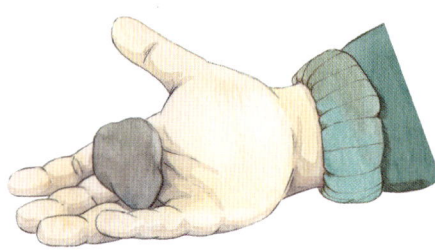

- flache Steine
- ruhiges Gewässer

Und so geht's:

1. Such einen flachen, scheibenartigen Stein, der etwa die Größe eines Zweieurostücks besitzt.
2. Stell dich an einem ruhigen Gewässer gebückt hin und halt die flache Seite des Steines mit deiner Wurfhand parallel zur Wasseroberfläche. Die Wurfhöhe sollte dabei möglichst niedrig sein.
3. Dann wirfst du den Stein mit einem Drall ab, also so, dass er sich um die eigene Achse dreht. Wenn alles klappt, kommt der Stein so auf dem Wasser auf, dass er wieder hochhopst.

Naturquiz

Hand aufs Herz: Wie gut kennst du dich mit Gesteinen, Mineralen und Fossilien aus? Mit unserem Wissenstest kannst du dein Know-how überprüfen. Leg los! Die Lösungen findest du auf Seite 95.

1. Was ist ein Gestein?
  a) Ein fester Körper, der eine geordnete innere Struktur besitzt
  b) Ein fester Körper, der aus einem oder mehreren Mineralen besteht
  c) Ein fester Körper, der eine besondere Härte besitzt

2. Was ist ein Mineral?
  a) Ein fester Körper, der aus Gesteinsbrocken besteht
  b) Ein fester Körper, der eine ungeordnete innere Struktur besitzt
  c) Ein fester Körper, der eine geordnete innere Struktur besitzt

3. Wie nennt man die Lebensspuren vergangener Lebewesen?
  a) Fossil
  b) Fussil
  c) Fassil

4. Welche Art von Gesteinen spucken Vulkane aus?
  a) Ergussgesteine
  b) Ablagerungsgesteine
  c) Umwandlungsgesteine

5. Welche Härte hat ein Diamant?
  a) 1
  b) 5
  c) 10

6. Quarz ist ein recht häufiges und formenreiches Mineral. Was ist kein Quarz?
  a) Amethyst
  b) Rubin
  c) Citrin

7. **Wer ist ein „lebendes Fossil"?**
   a) Quastenflosser
   b) Yeti
   c) Dinosaurier

8. **Gastropoden sind …**
   a) Muscheln.
   b) Schnecken.
   c) Krebse.

14. **Trilobiten bestehen aus …**
    a) einem Körperteil.
    b) zwei Körperteilen.
    c) drei Körperteilen.

9. **Welches Mineral ist magnetisch?**
   a) Hämatit
   b) Malachit
   c) Magnetit

15. **Kochsalz trägt den Mineral-namen …**
    a) Gallit.
    b) Halit.
    c) Tallit.

10. **Welche drei Minerale sind typisch für einen Granit?**
    a) Feldspat, Quarz und Glimmer
    b) Feldspat, Quarz und Talk
    c) Feldspat, Quarz und Fluorit

16. **Welche Farbe hat ein Azurit?**
    a) blau
    b) grün
    c) schwarz

11. **Welches Mineral wird für Bleistiftminen verwendet?**
    a) Quarz
    b) Gips
    c) Grafit

12. **Welche Farbe haben Rubine?**
    a) rot
    b) blau
    c) gelb

17. **Wie heißen (versteinerte) Seeigel?**
    a) Echinacea
    b) Echinoidea
    c) Echoniden

13. **Bernstein besteht aus …**
    a) Honig.
    b) Harz.
    c) Holz.

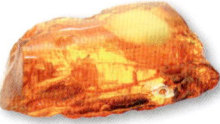

18. **Wie heißt der Archäopteryx übersetzt?**
    a) Urflügel
    b) Übervogel
    c) Erster Vogel

19. Woraus unter anderem bestanden Pfeilspitzen in der Steinzeit?
a) Feuerstein
b) Granit
c) Sandstein

20. Aus welchem Gestein wurde die Akropolis gebaut?
a) Marmor
b) Gabbro
c) Sandstein

21. Welches Mineral wird Katzengold genannt?
a) Baryt
b) Pyrit
c) Epidot

22. Wie wird der Baryt auch genannt?
a) Feldspat
b) Leichtspat
c) Schwerspat

23. Welches Mineral findest du auf Schleifpapier?
a) Korund
b) Diamant
c) Granat

24. Wofür wird Kalk häufig verwendet?
a) beim Klettern
b) als Dünger
c) als Tierfutter

25. Wie wird Kies unterteilt?
a) Unter-, Mittel- und Oberkies
b) Klein-, Mittel und Großkies
c) Fein-, Mittel- und Grobkies

26. Welches Gas wird bei der Verbrennung von Kohle frei?
a) Kohlenstoff
b) Kohlenstoffdioxid
c) Kohlenstoffmonoxid

27. Wie heißen die steinzeitlichen Werkzeuge aus Stahl, die zur Bearbeitung von Holz verwendet wurden?
a) Deichseln
b) Dechseln
c) Drechseln

28. Welches Gestein lieferte in der Renaissance den Farbton Ultramarinblau?
a) Lapislazuli
b) Lapislazoli
c) Lapyslazuli

29. Wo sind die häufigsten Diamantfundorte?
a) China
b) Japan
c) Russland und Afrika

30. Wie sollte Steinsalz aufbewahrt werden?
a) dunkel
b) trocken
c) warm

31. Was bedeutet der Begriff „amorph"?
a) ohne Struktur
b) unter der Erde
c) ohne Gestalt

32. Welcher Gesteinsgruppe gehört Basalt an?
a) Erstarrungsgestein
b) Ablagerungsgestein
c) Umwandlungsgestein

33. Wie wird Kaolin auch genannt?
a) Keramikerde
b) Porzellanerde
c) Tonerde

34. Was bedeutet der Name „Apatit" aus dem Griechischen?
a) „Räuber"
b) „Dieb"
c) „Täuscher"

35. Was sind Karfunkelsteine?
a) Rubine
b) Granate
c) Saphir

Geoparks und Naturschutz

Gesteine, Minerale und Fossilien entdecken: Das kann man am besten in den Geoparks. Dies sind wie Natur- oder Nationalparks große Gebiete, in denen die Wunder der Geologie und der Gesteinswelt für die großen und kleinen Betrachter in besonderer Weise zugänglich und sichtbar gemacht werden.

In Deutschland gibt es mittlerweile 16 Nationale Geoparks. Ihr findet sie im Internet unter www.nationaler-geopark.de. In den Geoparks erwarten euch ein Informationszentrum, viele Veranstaltungen – manche auch für Kinder – und speziell ausgeschilderte Geopfade zum Selbstentdecken. Manchmal gibt es auch eine Höhle, einen besonderen Felsen oder einen Steinbruch, den man betreten und in dem man nach Mineralen und Fossilien graben darf.

Allerdings ist es nicht überall möglich, mit dem Hämmerchen auf die Suche zu gehen: Wie die Biotope müssen auch Geotope als einzigartige geologische Zeugen geschützt werden.

Unsere Erde braucht einen besonderen Schutz.

Jedes Jahr kann man sich außerdem mit einem bestimmten Gestein, Mineral oder Fossil besonders beschäftigen. Ihr findet sie unter www.gestein-des-jahres.de, www.vfmg.de bzw. www.palges.de/preiseauszeichnungen/fossil-des-jahres.

Willst du allgemein mehr über die Natur und ihren Schutz erfahren, dann mach mit bei den Naturdetektiven des Bundesamtes für Naturschutz – im Internet unter www.naturdetektive.de.

Register

Lösungen

1 b), 2 c), 3 a), 4 a), 5 c), 6 b), 7 a), 8 b), 9 c), 10 a), 11 c), 12 a), 13 b), 14 c), 15 b), 16 a), 17 b), 18 a), 19a), 20 a), 21 b), 22 c), 23 a), 24 b), 25 c), 26 b), 27 b), 28 a), 29 c), 30 b), 31 c), 32 a), 33 b), 34 c), 35 a) und b)

Bildnachweis

Altenberger, Uwe: 32 o., 56 u.

dpa Picture-Alliance, Frankfurt: picture-alliance/ZB 15 l. u., 91 r. u., picture-alliance/Helga Lade Fotoagentur GmbH 26 M., picture alliance / Sascha Steinach/dpa-Zentralbild/dpa 31 o., picture-alliance/ZB 40 u., picture-alliance/dpa 42 u., 53 o., 54 M., picture-alliance/chromorange r. M., picture alliance / WILDLIFE 45 o., picturealliance/Klett GmbH 48 u., 49 u., picturealliance/OKAPIA KG, Germany, 53 u., picture-alliance/picture-alliance, 64 r. u., picturealliance/sander 66 o., picture-alliance/dpa 69 o.

fotolia.com: RoHe 6 o., Vulkanisator 6 u., LianeM 7 u., Anton Malykh 7 o., Dominique Dumont 8 o., Bernd Kröger 9 M., Michael Tieck 9 u., Igor Profe 10 l. u., anna 3 10 r. u., thongsee 11 o., 36 M., makis7 13 u., Jozsef Szasz-Fabian 14, Starpics 15 r. u., hazel proudlove 18 l. u., thegarden 20 o., Grzegorz Szlowieniec 20 u., senoldo 19 M., Raymond Thill 19 u., Schaltwerk 23 u., HAKOpromotion 24 o., Maria.P. 26 u., Unclesam 27 o., kw-on 27 u., Meckpommi 28 l. u., Charles Harton 28 r. u., Marc Dietrich 29 o., FKS 29 u., Konstanze Gruber 30 o., Oliverel 31 u., Digipic 34 o., b_sonders 34 u., jonnysek 35, Impala 36 u., Simiridium 36 u., kamasigns 37 o., Planch,e thierry 37 M., Bapic 38 u., Otto Durst 39 r. u., Tbcgfoto 40 u., Barbara Pheby 40 M., bjphotographs 42 o., Ionescu Bogdan 43 o., NaDi M. l., Edith Ochs 43 o., 44 o., 52 o., 54 u., 61 u., Dariusz Urbanczyk 44 u., ReSeandra 45 u., Kaputtknie 46 o., Elvira Schäfer 46 u., Wolfgang Staib 47 M., 60 u., dom65 47 u., koi88 48 M., sennah0815 49 M., andy koehler 50 o., VRD 51 M., Marc Dietrich 52 M., Only Fabrizio 56 o., 58 o., Sergey Lavrentev 58 u., Victoria Graça 59 r. u., Miroslava Holasová 4 u., 60 o., jakezc 62, Bernd S. 63 u., Falk 63 o., jcm 64 o., demarfa 65 o., Laure Fons 67 o., Paul Maguire 68 u., Prinzlinse 68 o., Galyna Andrushko 70 l. u., by-studio 70 r. u., Galyn 70 o., Paul Moore 71 o., Photomic 72 o., kristian seculic 93

Geowissenschaftliche Sammlungen der Johannes Gutenberg-Universität Mainz: Kirsten Grimm (Autor), Thomas Hartmann (Fotograf) 15 o.

iStockphoto.com: PPAMPicture 5 l., Bryngelzon o., efesan 21 M., mtig 21 u., DonNichols 19 o., Cybermama 23 o., tainted 24 M., alexxx1981 24 u., venturecx 25 o., moonmeister 30 u., dmitriyd 33 o., pancaketom 33 u., 57 u., Harald007 34 M., 92 o., MirkaMoksha 39 o., OliverChilds 47 o., gunschi 50 u., RobertKacpura 50 M., lissart 52 u., 55 u., 58 M., RobLopshire 59 l. u., Ryerson-Clark 59 r. o., benedek 61 o., Yukosourov 61 M., ScottOrr 65 u., hsvrs 66 u., bobainsworth 69 u., angi71 72 M., Fitzer, 72 u.

Mauritius images: 17 o., 17 u., 33 M., 49 o., 51 o., 67 u.

Shutterstock.com: OlegMemo 5 r., Cagla Acikgoz 8 u., 39 l. u., Art_girl 9 o., 13 r. u., 37 u., 89 u., frantic00 11 l. u., S_E 11 r. u., 54 o., Willyam Bradberry 12 u., Monika Wisniewska 12 u., vvoe 16 o., 18 o., 19 o., 38 o., 57 o., ACherst 16 u., Ocskay Bence 18 r. u., Alice-D 19 u., Bjoern Wylezich 21 u., Nick Page 25 u., Aleksandr Pobedimskiy 26 o., yauhenka 28 u., Mirko Graul 31 M., balounm 32 u., Roy Palmer 41 u., Breck P. Kent 41 u., 48 o., Jaroslav Moravcik 45 M., underworld 51 u., Branko Jovanovic 55 o., Rebus_Productions 64 l. u., ruiztome 71 u., Raffaella Galvani 73, Diliana Nikolova 87, alice-photo 4 M., 4 u., 89 o., 91 o., 92 r. u., 92 l. u., Andrii Horulko 90 o., Armando Frazao 90 M., ntv 90 u., Gavran 333 91 l. u., Rashad Ashurov (Icon Stern, Schere, Farbe, Strichfarbe), kosmofish (Icon Gesteinsart), ksenvitaln (Icon Minerale, Härte)

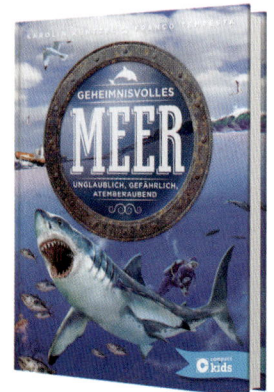

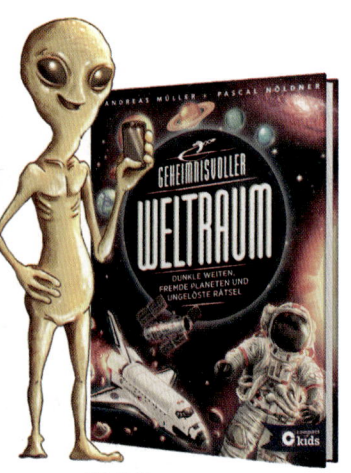